tark

WOLFGANG BERGMANN

Halt mich fest, dann werd ich stark

Wie Kinder fühlen und lernen

PATTLOCH

Bibliografische Information: Deutsche Nationalbibliothek
Die Deutsche Nationalbibliothek verzeichnet diese Publikation in der
Deutschen Nationalbibliografie; detaillierte bibliografische Daten
sind im Internet über http://dnb.d-nb.de abrufbar.

© 2008 Pattloch Verlag GmbH & Co. KG, München
Umschlaggestaltung: ZERO Werbeagentur, München
Umschlagfoto: plainpicture/Fancy
Lektorat: Michael Schönberger
Satz und Herstellung: Hartmut Czauderna
Druck und Bindung: CPI – Ebner & Spiegel, Ulm
Printed in Germany

ISBN 978-3-629-02191-5

Bitte, besuchen Sie uns im Internet:
www.pattloch.de

2 4 5 3

Inhalt

Für Yvonne,
ohne die dieses Buch
niemals fertig geworden wäre

Vorwort

Und wenn ich mit tausend Engelszungen redete und hätte die Liebe nicht, so wär ich ein tönend Erz und eine klingende Schelle

PAULUS, BRIEF AN DIE KORINTHER

Was wissen wir eigentlich über die ganz Kleinen, unsere Neugeborenen, die Säuglinge? Wie genau kennen wir ihre Gefühle und wie viel verstehen wir von den aufregenden Entdeckungen, die unsere einjährigen Kinder durchleben?

Überall gibt es Standards, Tabellen, in denen genau aufgezeigt ist, was ein Kind mit wie viel Wochen und Monaten alles können soll. Wahre Leistungskontrollbögen werden da in Sonntagszeitungen und Elternmagazinen verbreitet. So muss sich ein Kind mit soundso viel Monaten bewegen können. Dann muss es krabbeln, dann sich auf die eigenen Beine stellen und dann laufen können. Alles klingt wie genormt. Soundso viel Worte muss es dann sprechen, so viel teilweise vollständige Sätze mit spätestens, aber allerspätestens zweieinhalb Jahren hervorbringen und so weiter und so weiter.

Wir tun uns als Eltern und den Kindern keinen Gefallen damit. Ich selber beispielsweise sprach, wie meine Mutter glaubwürdig versichert, mit zwei Jahren noch kein einziges Wort, sondern gab befehlsartig hervorgestoßene Urlaute wie oh, ah und uh von mir (womit man in meinem Umfeld auch eine Zeitlang gut zurecht kam). Dann begann ich erst mit gut zweieinhalb bis drei Jahren zu reden. Und heute? Heute muss man mich bei meinen Vorträgen mit vorgehaltener Schusswaffe zum Schweigen bringen! Kurzum, von Tabellen und Standards halte ich wenig. Sie machen Eltern nur Angst. Meist sind sie auch noch falsch, weil sie nämlich Durchschnittswerte zeigen. Aber kein Kind ist »durchschnittlich«. Jedes ist etwas »Besonderes«.

Von dieser Besonderheit unserer Kinder ist seltsamerweise fast nie die Rede. Auf die käme es aber an. Wie lernt ein Kind eigentlich, was Freude und was Traurigkeit ist? Haben Sie darüber je auch nur einen einzigen Satz gefunden? Bestimmt nicht. Was ist eigentlich eine gute Bindung zu Mama und Papa oder zu anderen Erwachsenen, die einem Kleinkind in den ersten Lebenswochen über den Weg laufen? Wie nimmt ein Kind sie wahr? Welche Bedeutung haben sie für das Kind? Wie lernt ein Kind sie zu unterscheiden?

Oder noch etwas anderes: Wie versteht so ein Kleines eigentlich, was ein »Ball« ist? Sagen Sie nicht, das weiß doch jeder. Ein »Ball« ist eine höchst mysteriöse Angelegenheit, jedenfalls für ein Kind. Mal ist er groß, mal klein, mal grün, dann wieder grau, mal hart, mal weich. Und trotzdem ist er immer ein Ball. Das soll mal einer verstehen! Nie ein und dasselbe und trotzdem immer mit demselben Namen belehnt. Ein Kind muss (und will!) das alles lernen. Jeder Schritt in die Welt der Abstraktion, der Symbole, später der Sprache ist ein riesiges geistiges Abenteuer. Klassische Philosophie ist nichts dagegen!

Unsere Kinder lernen und lernen: Sogar die eigenen Gefühle müssen gelernt werden, dann der Ausdruck in Mamas und Papas Gesicht, dann der eigene Körper und seine vielen Empfindungen, dann die ganze unendliche Welt der Objekte. Und ganz zuletzt sogar die Sprache, über die sich die schlauesten Menschen seit Jahrhunderten die Köpfe zermartern. Was ist Sprache? Unsere Kinder lernen sie und lernen sich dabei selber kennen. Wenn das kein Wunder ist!

Über all das ist so gut wie nie die Rede. Übrigens auch nicht in den Ausbildungen von Erzieherinnen, Lehrerinnen, Sozialpädagogen und selbst Psychologen. Gott allein weiß, wer deren Lehrpläne verfasst hat. Das Wichtigste wird nicht gelehrt: was kindliche Gefühle sind und wie sie entstehen, was kindlicher Geist und Intellekt ist und was ihn behindert, wie Sprache erworben wird und was dabei stört. All das finden Sie in diesem Buch, und zwar auf eine ganz besondere Art erzählt.

Keine Lebensphase ist so exakt erforscht und in Tausenden von Studien, Verhaltensbeobachtungen und -experimenten und pädagogisch-therapeutischen Einrichtungen erlebt, aufgeschrieben und reflektiert worden, vom natürlichen Wissen der Eltern ganz zu schweigen. Bindungsforschung und neuerdings die Gehirnforschung und seit einem Jahrhundert die Tiefenpsychologie verraten uns vieles, fast alles, über das Seelenleben der kleinen Kinder.

Deshalb müssen wir uns auch gar nicht mit umständlichen Fachbegriffen herumschlagen. Was man wirklich verstanden hat, kann man in einer einfachen Sprache darstellen. Und schließlich reden wir ja von Kindern, von ihrem prallen, vollen, bunten, traurigen und lustigen Leben.

Weil unser Wissen über Kindheit so klar und vielfältig und lebendig ist, habe ich mich zu Folgendem entschlossen. Ich referiere die Entwicklungsstufen der frühen Kindheit nicht, ich schildere sie. Ich erzähle von der kleinen Mia und wie sie ganz verzückt über einen Vogel staunt, der am Fenster vorbei fliegt. An diesem kleinen Beispiel kann ich ganz genau aufzeigen, wie ein Kind anfängt, sich die Welt durch seine Sinne und seine Körperbewegungen verständlich zu machen. Ich erzähle dann weiter, wie diese Körperbewegungen zu »Symbolen« werden. (Dass wir die Welt durch Symbole erleben, ist eine Besonderheit der Menschen. Man muss schon genau hinschauen, um das alles zu verstehen.) Ich habe diese manchmal gar nicht so einfachen seelisch-geistigen Entfaltungen der kindlichen Psyche in kleine und große Geschichten eingekleidet.

Keine Sorge, jede bewegt sich auf dem neuesten Stand der entwicklungspsychologischen Debatten und Forschungen. Anschaulichkeit heißt nicht, dass man vereinfacht. Anschaulichkeit heißt nur, dass man beim Verstehen auch »fühlt«.

Und dann ist immer wieder die Rede von Bindung und Bindungsforschung. Das schönere Wort für Bindung ist »Liebe«. Die Bindungsforschung belehrt uns seit 50 Jahren, dass es keine Intelligenz, keine soziale Kompetenz, kein Mitgefühl und keinen kindlichen Gehorsam und überhaupt kein glückliches Leben ohne frühkindliche Bindung gibt. Von diesen Forschungen erzähle ich auch, jedenfalls von den wichtigsten.

Und schließlich gibt es bindungsverarmte Kinder. Das ist der zweite, der traurige Teil dieses Buches. Aber ohne Hoffnung ist auch dieser Teil nicht. Es gibt keine Kindheit ohne Hoffnung. So wenig, wie es ein Kind-Sein ohne Zukunft gibt.

Zuletzt lassen wir uns im Verlauf des Buches, während wir immer mehr und mehr von unseren Kleinen verstehen, von ihnen und ihrem frohen »Dasein« belehren. Sie haben uns nämlich Wichtiges mitzuteilen, sogar das Allerwichtigste: die Liebe.

Vom Stillen zur Sprache,
ein Überblick

Alle Jahre wieder die Debatte um Gehorsam und Disziplin, dass moderne Kinder schwierig seien, dass sie auch einem geduldigen Erwachsenen den allerletzten Geduldsfaden zerreißen können – das alles ist richtig. Es verweist auf ein tiefer greifendes Problem, das sich in so erschütternder Häufigkeit kindlicher Seelennöte äußert wie die ständig anwachsende Hyperaktivität – ein Medikament gegen Aufmerksamkeitsdefizite gehörte 2007 bei uns zur meist verschriebenen Medizin im Kindes- und Jugendalter – oder die rasant angewachsene Zahl von Essstörungen, von denen nach neueren Studien jedes vierte Mädchen im Teenageralter betroffen ist. Der Ärger über die modernen Kinder, die laut, vertrotzt und rotzfrech durch die Gegend rennen: Wäre all das nicht Anlass genug, darüber nachzudenken, ob sich hinter solchem Verhalten nicht Nöte verbergen, wie sie von Pädagogen und Therapeuten bestätigt werden? Aber solche Debatten finden nicht statt. Ein Grund kann sein, dass es den Autoren der derzeit hoch im Kurs stehenden Ratgeberbücher zur Disziplinpädagogik an Wissen um die Entwicklung fehlt. Es fehlt das Wissen über die früheste Entwicklung der Kinder, über die Phase, in denen die Bindung zwischen Eltern und Kind, deren Liebe und Halt die Fundamente des kindlichen Selbst legen sollen – und es offenbar oft genug nicht tun.

Davon handelt dieses Buch. Weil Disziplin gerade Konjunktur hat, beginnen wir mit einem kleinen Streifzug durch die frühen Entwicklungsphasen, jede einzelne werde ich in späteren Kapiteln vertiefen und detailliert nacherzählen.

Wenn wir von Gehorsam und Disziplin reden wollen, müssen wir uns die frühe Kindheit anschauen, möglichst genau. Das ist gegenüber Erziehungsparolen ein wenig umständlich, vielleicht sogar mühsam, ist aber die einzige Möglichkeit, in einer blassen und teilweise blamablen pädagogisch-psychologischen Debatte wieder Boden unter die Füße zu bekommen.

In aller Kürze: Säuglinge sind kompetenter, als man lange Zeit glaubte. Sie wenden sich schon wenige Tage nach der Geburt mit weit offenen Sinnen ihrer Umwelt zu. »Umwelt« ist natürlich zuerst und vor allem »Mama«, aber neben ihr erregen auch die Klänge, die Farben und die Bewegungen ringsum das höchste Interesse der Kleinsten. Je ungestörter ihr Vertrauen zum Mütterlichen ist, desto vorbehaltloser spannt sich ihr Geist, wird mit jeder kleinsten Wahrnehmung wacher und aufmerksamer. Damit haben wir das Grundmodell guter Erziehung und behutsamer Autorität bereits formuliert: Die innige seelisch-körperliche Bindung an das Mütterliche – etwas später kommt das Väterliche hinzu – ist die Grundlage dafür, dass Kleinkinder die Welt um sich herum angstfrei und intelligent, verlässlich und aufmerksam aufnehmen und mit ihr vertraut werden.

Auf dieser Basis greift ein Kind begierig nach den Dingen der Welt, erwirbt in immer komplexeren, manchmal wunderbar zu beobachtenden Schritten gleichzeitig ein Gefühl für seinen Körper, seine Geschicklichkeit, seine Intelligenz und lernt die Dinge verstehen – ein unerhört komplexer Vorgang, in dem die elementaren emotionalen und kognitiven Entwicklungen weiter und weiter getrieben und zu immer neuen Einheiten gefügt werden. So reift das kindliche »Selbst«. Diese Reihenfolge ist unumkehrbar: erst die

Liebe, dann die Ordnung, schließlich die geistig-sinnliche Erfahrung der »Welt«.

Schauen wir noch etwas genauer hin: Neugierig und mutig oder erschrocken reagiert das Kleinkind auf die vielen Signale der Umwelt. Manchmal vorwitzig und vergnügt, oft aber verängstigt sucht es danach sofort den Kontakt mit Mamas Körper und vor allem ihren Augen. Der mütterliche Blick prägt unser »Ansehen« und »Angesehenwerden« ein Leben lang (das Väterliche knüpft unmittelbar daran an). Sie beschwichtigt die Angst. Woher rührt ihre »Kompetenz«? Die Antwort ist einfach: Bei Mama als Erste hat das Kind gelernt, seine Gefühle festzuhalten, sie zu »erinnern«, damit wurden die Grundlagen eines einheitlichen Selbst gelegt. Konkret sieht das beispielsweise so aus: Mama schaut ihr Kind an, ihr Lächeln macht es froh, es strampelt vergnügt, die Mutter reagiert auf dieses putzige Strampeln mit vermehrter Freude. Sie lernt, die Zeichen und Laute und Bewegungen des Kleinen immer genauer zu entziffern, und das Kind lernt dabei, »seine eigenen Gefühlszustände wiederzuerkennen und auf diese Weise in sich zu verankern«, gleichsam zu lernen. Die Gefühle werden bei der Mutter rückversichert, werden an sie gebunden und wieder holt. Ein seltsamer Lernprozess ist das, den jedes Kind durchläuft: Es lernt sich selber kennen. Sein Selbsterkennen ereignet sich im »Spiegel« der feinfühligen Reaktionen der Mutter, des Vaters und später weiterer vertrauter Personen.

Noch einmal etwas anschaulicher: Mama lernt ja auch, sie reagiert immer feinfühliger, sie weiß jetzt, mal ist das Strampeln ihres Kindes nur Zeichen von Müdigkeit, mal pure Lebensfreude. Darauf reagiert sie mal beschwichtigend, mal selber ganz froh, mal auch ein ganz klein wenig ärgerlich. Aus diesen »Antworten« der Mutter – ihrem Blick, dem Tonfall ihrer Stimme, ihren Handlungen – wird das Kleine mit sich selber vertraut. Im Kern dieses Selbst-Vertrauens befindet sich nun Mama, später andere vertraute Menschen. Jetzt weiß es schon, dass Freude und diese ganz besondere Art zu strampeln zusammengehören, jetzt verstärkt es seine Freude ganz selbsttätig, indem es sie mit vermehrtem Strampeln, mit mehr Bewegungen und Lauten zum Ausdruck bringt. Das seelische Selbst reift, die kommunikativen Fähigkeiten auch.

Danach greift seine Aufmerksamkeit immer gezielter über Mama hinaus, fremde Gesichter zeigen sich an ihrer Seite, manche machen Angst. Andere, wie das väterliche, wirken irgendwie vertraut. Diese brummende Stimme, diese tapsigen Schritte von »Papa« hat das Kleine gespeichert. Es hat Papa zugleich mit Mamas Worten, ihrer Nährung und Fürsorge auch schon »aufgesogen«. Auch der Vater ist in die Gefühlsgewissheiten der ersten Lebenswochen einbezogen.

Wenn Papa beispielsweise sein Kind wickelt, dann erweitert sich dessen Vertrauensraum: »Schau an, dieser halbfremde Mensch mit der seltsamen Bass-Stimme wickelt mich genauso vorsichtig wie Mama!«

Oft macht ein Papa das viel vorsichtiger. Mütter haben zu ihrem körperlichen Umgang mit Kleinkindern eine Art intuitives Vertrauen, das auf Außenstehende oft ziemlich grob wirkt. Männer sind vorsichtiger, gehemmter, jedenfalls umständlicher. Das sind dann schon feine Unterschiede in der kindlichen Wahrnehmung, die die spätere Differenzierung der Geschlechter vorbereiten. Wer meint, dass das geistige Leben von Kleinkindern simpel ist, hat keine Ahnung.

Papa lacht anders, singt oder brummt anders, grummelt auch schon mal vor lauter Anstrengung und Unsicherheit angesichts dieses winzigen Wesens, später kann man mit Papa anders Türme bauen oder den Ball anders und kräftiger gegen die Wand schleudern – anders eben. Mit der Vielfalt der gespeicherten Eindrücke greift das kindliche Verstehen über das Mütterliche hinaus. Jetzt will es die Welt erobern, benötigt aber die »gespeicherte« innige Bindung immer als Basis. Behutsam, aber entschlossen wendet sich das Kleine der Welt der Menschen und Dinge zu. Ein unvergleichliches Abenteuer beginnt.

Inzwischen ist das Kind ein oder anderthalb Jahre alt geworden. Mit den Fingerspitzen berührt es ein Bauklötzchen, schiebt es dann heftig weg von sich, betrachtet gespannt die eigenartige Bewegung des Gegenstandes, während der von ihm wegkullert, und schließlich brüllt es los, weil es ihn »aber sofort!« zurückhaben will und weil das eigensinnige Ding sich dem kindlichen Wunsch nicht fügt. Es hat seinen »eigenen Sinn«, folgt einer eigenen Ordnung. Wie mühsam das alles zu lernen ist! Das Kleinkind muss nun, vielleicht auf Knien, zu ihm hinkrabbeln und -rutschen, es nimmt dabei die Besonderheiten des Räumlichen und des eigenen Körpers in diesem Raum ganz nebenbei auf, um jenes begehrte »Objekt« Bauklötzchen wieder in Besitz zu nehmen.

Mit staunenden Augen und behutsam tastenden Bewegungen versucht es herauszufinden, wo in dieser glatten Fläche und der harten Kante der denkwürdige Eigencharakter des Dings, sein Kullern und sein Liegenbleiben, verborgen sind. Aber das Klötzchen gibt sein Geheimnis nicht preis, seine Funktionen sind ihm nicht anzusehen. Nun muss das Kind über das rein Sinnliche hinausgreifen, hin zu ersten Schritten der Abstraktion, um solche Befremdlichkeiten zu erfassen.

Sein wacher unermüdlicher Verstand empfängt eine erste Information darüber, dass die Dinge zwar einerseits so sind, wie sie sich anfühlen, aber andererseits zusätzliche Besonderheiten haben, eigenartige Bewegungen, unkalkulierbare Abläufe – ein Bauklötzchen hat andere als ein Ball. Und als sei das nicht alles schon kompliziert genug, treten diese Objekte obendrein auch noch untereinander in Kontakt. Ein Ball kann beispielsweise einen Turm aus Bauklötzen glatt umschmeißen, und die Klötzchen kullern dann in alle Richtungen wild drauflos. Materie, Funktion und Kausalität – was für eine verrückte spannende Welt das ist. Das Kind lernt und lernt.

Papa ist jetzt immer wichtiger geworden, er scheint ja alle diese Zusammenhänge zu verstehen und »im Griff« zu haben. Papa sichert mehr als alle anderen Menschen diese symbolische und sinnliche Welt, während Mama durch ihre pure Präsenz die Gewissheit der Bindungen stiftet, die allem Verstehen vorausgehen. Bindung und das Lernen der eigenen Gefühle vermengen sich, so erwacht der kindliche Verstand bei gleichzeitiger Vertiefung seiner Ich-Gefühle.

Was hat dies alles mit Gehorsam und kindlicher Tyrannei zu tun? Nun, liegt das nicht auf der Hand? Durch die Bauklötzchen ebenso wie durch Papas Brummeln und »komisches Wickeln«, durch Mamas Brust und ihre Augen und ihre Haut und ihren Geruch ist das Kind – um eine Kleistsche Formulierung aufzunehmen – »mit sich selber bekannt geworden«. Das so gereifte Selbst richtet nun seine Laute immer gezielter auf die Dinge und auf seine Gefühle – es spricht. Sprache ist der letzte Schritt zur »Selbst-Bewusstheit«, sie ist, wie Heidegger schrieb, »die Heimat des Menschen«.

Diese wichtigsten Personen der frühen Kindheit sind im Kern des kindlichen Selbst verankert, in seiner Sinneswelt, seinem Körperempfinden und all den vielen symbolischen Ordnungen (bis hin zur »Muttersprache«). Mama *und* Papa sind in gewisser Weise dieser Kern. Je verlässlicher sie in der Psyche gesichert sind, desto intensiver und vorbehaltloser nimmt ein Kind jene komplexen Welterfahrungen auf. Je ungesicherter sie sind, desto mehr bleiben alle geistigen und sinnlichen Erfahrungen mit Hemmung und Angst behaftet. Je zuverlässiger die vertrauten Bindungen, desto mutiger und intelligenter greift das Kind über sie hinaus und wird, indem es die Welt mit Sinnen und Verstand einatmet, immer autonomer, klüger, geschickter und kommunikativer. So erklärt sich diese Formel: Die Ordnungen der Dinge sind von den Gefühlen zu Mama und Papa durchdrungen.

Je plastischer, lebendig-vielfältiger die Ordnungen der Welt gelernt werden, desto tiefer die Bindung, die sich in jedem kleinsten Selbsterwerb des Kindes betätigt und bestätigt. Und anders ebenso: Je mehr Dressur und Lenkung, desto unsicherer werden die Gefühle für Mutter und Vater. Das ist das fast schon komisch anmutende Paradox: Frühe Gehorsamserziehung im Sinn von Kontrolle und Lenkung bewirkt viel zu oft, dass das Vertrauen zum Mütterlich-Väterlichen erschüttert wird. Zugleich damit wird Intelligenz und soziale Feinfühligkeit eines Kindes beschädigt.

Noch mal in einer anderen Formulierung, weil es so wichtig ist: Kinder lieben ihre Eltern, sonst würden sie die Eigenart der Objekte und des sozialen Zusammenlebens nie verstehen und empfinden. Je geringer diese Liebe, desto störrischer, verängstigter und einsamer das Kind. Gehorsamspädagogik erzeugt just solche zerstörerischen und selbstzerstörerischen, verwirrten und ahnungslosen Kinderseelen. Ist das schwer zu begreifen? Wirklich?

Manchmal freilich trifft der ungeübte kindliche Wille hart auf die Ordnung der Dinge oder die Wünsche der Eltern. Das sind kleine Katastrophen für das kindliche Selbst. Nun gilt es, diese Katastrophen zu mildern, zu trösten. Trost schafft Bindung, Bindung schafft Gehorsam.

Inzwischen ist das Kind vielleicht drei Jahre alt, verfügt über Wille und Sprache – Konflikte sind unvermeidlich, manchmal sind sie heftig und müssen auch ausgetragen werden. Aber niemals so, dass das beschriebene Fundament des kindlichen Selbst, seiner Autonomie und seines Gehorsams – wir haben jetzt verstanden, dass diese drei zusammengehören – beschädigt oder gar erschüttert werden. Mamas beruhigende Stimme, ihre wärmende und nährende Nähe, Papas freundliche Tollpatschigkeit und sein Spiel mit Bauklötzchen, Ball und anderen wunderschönen Dingen – das ist die Substanz, die noch im ärgsten Konflikt trägt.

Die Disziplinpädagogik, die soeben im Aufwind ist, hat das nicht verstanden. »Da muss man mal dazwischengehen, das Kind muss Ordnung lernen« – schauen wir nur hin, nie sind die komplexen Ordnungen der kindlichen Seele gemeint, sondern immer nur die muffigen Normen der erwachsenen Welt in ihrem langweiligsten und ärmsten Zustand. Gute Pädagogik aber verbindet und verbündet beide, die Ordnungen der Welt und die Liebes-Ordnung der Seele, und zerreißt sie nicht. Eigentlich ist alles ganz einfach.

Wenn das alles verstanden worden ist, dann – aber erst dann! – darf Papa vor lauter Ärger auch mal kräftig auf den Tisch hauen. Wahrscheinlich beeindruckt er, nach einem Wort von Willy Brandt, »nicht einmal den Tisch«, aber es tut Papas Seele gut. Dann darf Mama auch mal drauflosmeckern, weil ihr eben gerade so ums Herz ist, sie wird schon rechtzeitig wieder aufhören. Dann darf es Streit und Konflikt geben, aber eines niemals – Lieblosigkeit.

I. TEIL

BINDUNGEN UND ENTWICKLUNGEN

Ein Kind lernt die Welt kennen

Saugend, schluckend und enorm neugierig: die ersten Lebenswochen und frühe Bindung

Schmatzend und schluckend und glucksend in still beruhigter Zufriedenheit – so liegt der Säugling an Mamas Brust und wird genährt. Das Kleine atmet Mamas Geruch ein, spürt ihre Haut, greift mit unsicheren Fingern nach ihr – ein Bild, das die Kulturgeschichte der gesamten Menschheit umfasst, in der westlich-abendländischen Kultur findet es sich mystisch überhöht seit Jahrhunderten in den Marien- und Jesusbildern, Skulpturen, Ikonen. Die beeindruckendsten unter ihnen zeigen ein *rein irdisches* Glück: Mutter und Kind, ganz innig vertraut.

Mamas Stimme, Mamas Atem, die Bewegungen ihres Körpers, die Vertrautheit ihrer Haut, all dies sind seelisch und somatisch prägende Tatsachen. In dieser Lebensphase ist zwischen dem Seelischen und Körperlichen überhaupt nicht sinnvoll zu unterscheiden. Was hier seelisch zustößt, wächst in gleicher Weise in Körper und Seele hinein.

Wenn ein Kind, gestillt und still geworden, ruhig und zufrieden sein Köpfchen zu Seite neigt – jetzt ist es müde, jetzt will es einschlafen, und der Geschmack und der Geruch des mütterlichen Körpers gleiten mit in den Schlaf hinein –, dann beginnt, was die Forschung ein wenig umständlich »Bindung« nennt. Schöner und genauer gesagt: Es ist die innigste Liebesgeschichte von allen. Mehr Nähe gibt es zwischen zwei Menschen nicht, auch nicht in der geschlechtlichen Vereinigung.

In solcher Bindungsintensität lernen die Kinder ihre Gefühle kennen. Alles geschieht im Spiegel des mütterlichen Blicks. Sie fühlen: *Mama lächelt, jetzt durchströmt mich ein Gefühl von Wärme und Wohlsein* – selbst der nüchterne Psychoanalytiker Heinz Kohut spricht schwärmerisch vom »Glanz im Gesicht der Mutter« –, oder umgekehrt: *Mama schaut traurig, jetzt durchrinnt mich ein Gefühl von trunkener Leere, ein Nicht-Gefühl, als sei ich gar nicht in der Welt angekommen.*

Mamas Lächeln ist das Versprechen des Lebens, Mamas Körper ist die Sicherung des Lebens, Mama ist die Quelle des Daseins. So tief reicht diese ganz eigene weibliche Kompetenz, sie ist unaustauschbar. Die einzigartige Bindungsinnigkeit zwischen diesen beiden kann von niemandem ersetzt werden. Solche Bindung duldet keinen »Ersatz«, sonst scheitert sie, und mit ihr das Lernen von Gefühlen, von Selbst und Welt. Wir werden im zweiten Teil dieses Buches erfahren, wie nachhaltig, ja, wie lebenslang Bindungsstörungen dieser frühen Phase andauern.

Schluckend und glucksend sind diese Bindungserfahrungen von unbewussten Erinnerungen an das vorgeburtliche Sein begleitet – die Neurophysiologen haben neuerdings herausgefunden, dass sich die Einzigartigkeit dieser Bindung bis in die Ausschüttung hormoneller Botenstoffe und die von ihnen stimulierten Verschaltungen in bestimmten Gehirnarealen nachvollziehen lässt.

Die Mutter-Kind-Bindung hat einen Doppelcharakter. Zum einen hat sie Momente einer »Symbiose«. Symbiose, das Verschmelzen und Ineinanderfließen zweier leiblicher Wesen, so war es im Mutterleib. So wird es, lautete lange Zeit die Vermutung bestimmter Psychoanalytiker, auf der Seite des Kindes halluzinierend-tagträumerisch nach der Geburt innerpsychisch weitergeführt. Freud selber sprach in Anlehnung an einen französischen Dichter von »ozeanischen Gefühlen«. Ozeanisch ist das Unendliche, das sich weit und wie ewig ausdehnt, verschwimmt und gleitet, in unaufhörlichen gleichförmigen Bewegungen. Ist dies die seelische Verfassung der Neugeborenen?

Eine andere Überlegung liegt näher: Ja, es gibt diese symbiotischen Momente! Sie sind zutiefst beglückend, und vielleicht sind wir alle ein Leben lang unbewusst auf der Suche nach ihnen, nach Bewusstseinszuständen, in denen das autonome »Ich-Gefühl« ganz erlischt und ein symbiotisches Weltgefühl von uns Besitz ergreift. Aber die neuere Forschung lässt wenig Zweifel daran, dass schon die Säuglinge eigene »Kompetenzen« mitbringen. Sie sind offenbar neugierig auf die Welt, von den ersten Lebenstagen an, lauschen und schauen, verwirrt, neugierig, und wenn sie sich ausreichend beschützt fühlen, keimt in ihnen ganz früh die Lust auf diese fremde Welt, Objektlust, verschwistert mit der natürlichen Daseinsfreude der ganz Kleinen.

Mutter und Kind, sie sind gleichsam die Urbilder des ganz und gar »Versöhnten«, des Einigen, weltlos Entrückten. Aber sosehr es Momente solcher Entrückung geben mag – und ich bin überzeugt davon, dass sie unsere mystischen Gefühle speisen, unseren Aufbruch ins Vollendete, Erlöste stimulieren, so lange das Leben währt –: Die ganze seelische Wahrheit sind sie nicht.

Früh schon tritt ein Drittes, ein Anderes zwischen Mutter und Kind. Zum einen besteht es darin, dass auch die liebevollste Mutter niemals versorgend genug sein kann. Ein Kind hat Hunger und schreit, es friert und verlangt schreiend nach Wärme. Gewiss, eine liebevolle Mutter eilt herbei, die Stillung tritt ein, die Wärme wird gegeben. Aber vor dem schönen beglückenden Gefühl des Genährt- und Umhülltseins gab es doch den Absturz aus jenem »Einigen« in eine tiefe, rohe Abhängigkeit, den Sturz des Säuglings in elementare Bedürftigkeiten. Markierungen von abhängiger Wut, ohnmächtiger Bedürftigkeit, der Intensität von Vernichtungsängsten vergleichbar, stellen sich ein. Das ist das eine.

Ein Zweites: die Wahrnehmung der Welt, das Lauschen des Kindes, weg von Mamas Stimme, ihren Augen, ihrem Gesicht, hin zu den Schritten, die sich der kleinen Wiege nähern, den fremden Gesichtern, die sich über den Kinderwagen beugen, das strampelnde, krähende Vergnügen an den vielen anderen Ereignissen einer unbekannten Welt.

Mamas Liebe, aber auch »Mama kommt nicht, ich hungere«, Zorn und Empörung, aber auch Neugier und Lauschen auf die Welt: Alles formt und prägt die frühen Tage und Wochen des Säugling und Neugeborenen.

Nein, nichts ist einfach in der kindlichen Entwicklung, das gilt von den ersten Sekunden seines Daseins an.

Trotzdem gibt es Wertigkeiten, markante und weniger markante Prägungen. Beweisbar ist nichts, mir aber erscheint es seit je ganz offensichtlich, dass die symbiotischen Momente, so häufig sie gestört und unterbrochen werden, letztlich doch das Muster des Vertrauens in die Welt und in das reifende Selbst des Körpers und der Gefühle bilden. Zu ihnen kehren unsere Seelen im späteren Liebesverlangen zurück. Symbiose erleben wir auch als Liebende selten, sie dauert nicht an, aber sie prägt und bildet den Grundstock dauerhafter Beziehungen, über Krisen hinaus.

Vergleichbares geschieht zwischen dem Neugeborenen und der Mutter. Keine »Zweiheit« von leiblichen Existenzen kann ganz und gar in eine Symbiose, ein Zusammenfließen in eine Einheit, zurückkehren. Doch die Momente, die der Symbiose nahekommen, prägen von den frühesten Anfängen der Psyche an unser Glücksstreben, das erst stirbt, wenn wir selber sterben.

Zeitweise symbiotisch – vielleicht können wir uns auf diesen Terminus einigen. Zeitweise befinden Mama und Kind sich in einem atemberaubend feinfühligen Austausch der Gesten, der Stimmlaute, der Augen in besonderer Weise. Säuglinge schauen, wenn sie gestillt werden, in Mamas Augen, sie tun es auch, wenn Mama, während sie den Kinderwagen schiebt, (mit »dudu« und »dada«) auf das Kleine einredet. Nein, nicht auf den Mund, auf die Augen starrt das Kleine – und schauen wir nur auf uns selbst: Noch im eifrigsten Gespräch, im heftigsten Disput blicken wir unserem Gegenüber nicht auf den Mund, der die Worte, Thesen, Provokationen usw. formt, sondern in die Augen. Wir suchen im Gegenüber immer das tiefere Geheimnis des anderen, das an die Bindung der ersten Lebenswochen erinnert. Unser Lernen von Welt und Selbst hat hier seine Prägungen empfangen.

Und ein Letztes: Der Kontakt freilich, der sich zwischen Mutter und Kind einstellt, greift schon bald über das Symbiotisch-Einheitliche hinaus. Beide kennen und erkennen ihre Laute, ihre Körper, ihre Gefühlsäußerungen und antworten darauf, beide reagieren mit Feinfühligkeit aufeinander. Mama lächelt, und das Kind strampelt vor Freude, was Mama zu einem vertiefteren Lächeln verleitet. Und weiter: Der schlaue Säugling bemerkt sehr wohl, dass er mit einer bestimmten Art des Strampelns oder einem breiten Grinsen mitten in seinem runden Babygesicht Mamas Freude hervorrufen kann. Wenige Wochen später setzt er dieselben Gesichtsbewegungen als gelernten kommunikativen »Trick« ein. Er manipuliert Mama, und indem er es tut, lernt er seine Gefühle und Gefühlsäußerungen noch ein wenig genauer kennen. Mamas Antworten wiederum »regulieren« seine zahllosen bindungssuchenden Zeichen, Gesten, Laute – so haben wir alle uns selber kennengelernt. Nie waren wir »autonom«, zu keiner einzigen Phase unseres Lebens, wir waren und sind bezogen auf den oder die »anderen«, Mama vorweg, von Anfang an. So bleibt es.

Fürsorge fördert Stresstoleranz

Wie tiefgreifend solche frühen mütterlichen Fürsorgehandlungen sind, wurde unlängst von einem klinischen Psychologen und Neurobiologen an der kanadischen Universität Montreal vorgestellt. Er hatte an Ratten untersucht, wie weit sich die mütterliche Fürsorge auf die »Stresstoleranz« der Kinder auswirkt. Stresstoleranz bedeutet, dass ein Kind in der Lage ist, auch quälende Situationen wie Alleinsein oder Überfordertsein auszuhalten, ohne dabei seelisch Schaden zu nehmen. Der Neurobiologe Michael Meaney fand heraus, dass die Nager, die von ihrer Mutter häufig abgeleckt wurden, deutlich weniger Angst bei belastenden Situationen zeigten, deutlich weniger anfällig für Stress waren als diejenigen Kleintiere, die von einer weniger liebevollen Mutter aufgezogen wurden. Die Fähigkeit, schwierige Lebenssituationen (»Stress«) auszuhalten oder an ihr zu scheitern und mit Verwirrung und Aggression zu reagieren, wurde durch die Fürsorge der Mutter geprägt. Die Intensität der Stressreaktion, die das Tier im frühesten Alter zeigte, bleibt ein Leben lang erhalten.

Meaney ist Mediziner und Neurobiologe und interessierte sich deshalb besonders für die »molekularen Mechanismen«, die dieser Beobachtung zugrunde liegen. Er formulierte es so: Wenn eine Rattenmutter ihren Säugling leckt, sich also fürsorglich verhält, dann wird bei diesem kleinen Tier ein Botenstoff namens Serotonin freigesetzt. Dieser Botenstoff löst Veränderungen in den Nervenzellen einer Hirnregion aus, die die Gehirnforscher »Hippokampus« nennen. Dieser Gehirnbereich wiederum spielt bei der Regulation von Stress eine große Rolle, hier wird nämlich die Ausschüttung des Stresshormons Cortisol reguliert. Nun wird es etwas komplizierter, aber es handelt sich ja auch um Biologie (wie habe ich dieses Fach in meiner Schulzeit gehasst!): Serotonin löst chemische Veränderungen in den Nervenzellen aus, und zwar auf folgende Weise: An bestimmten Stellen, im Genom werden sogenannte Methylreste abgebaut und insofern werden diese Nervenzellen aktiver, sozusagen »geputzt«.

Dadurch werden Rezeptoren produziert, an denen das eben schon genannte Stresshormon namens Cortisol andockt. Durch dieses Andocken wird die Stressreaktion gehemmt.

Je mehr solche Rezeptoren vorhanden sind, umso intensiver vermag es die Stresssituation zu hemmen. Umgekehrt gilt das leider auch. Bei jenen Jungratten, die wenig umsorgt wurden, sind diese »Andockstellen« durch Methylgruppen besetzt. Dadurch wird die Funktion blockiert. Also werden weniger Rezeptoren produziert, an denen das Stresshormon andockt und insofern relativ unschädlich gemacht wird. Kein Wunder also, dass Stressreaktionen bei solchen, wenig umhegten, wenig »abgeleckten« oder schöner gesagt, weniger geliebten Jungratten sehr viel ausgeprägter sind als bei den anderen. Und noch etwas, was jeder Familientherapeut bestätigen kann und in jeder familientherapeutischen Ausbildung auch gelehrt wird, findet hier seine neurobiologische Bestätigung. Die Jungen von »Rabenmüttern«, die wenig abgeleckt wurden, werden selber wieder zu schlechten Müttern. Sie sind selber eine Generation später ebenfalls nicht in der Lage, sich ihren Kindern zuzuwenden, fürsorglich, feinfühlig, mit körperlicher und seelischer Innigkeit. So wird das Fürsorgeverhalten, oder wieder schöner gesagt: die Liebe oder die Gefühlskälte von einer Generation zur nächsten weitergegeben. Das ist leider nicht nur bei den Ratten so!

»Das bin ja ich« – ein Kind wird bei seinem Namen gerufen

Wenn ein Kind morgens aufwacht, blickt es in eine fremde Welt. Nein, genau genommen blickt es gar nicht. Es schaut vielmehr unruhig hin und her, bewegt den kleinen Körper, so weit es das vermag, zur Seite und zurück. Es atmet Eindrücke ein, das Tageslicht, Laute, vielleicht aus der Küche, hoffnungsvoll aufgenommene Laute: Vielleicht kommt Mama gleich – sonst muss das Baby nachhelfen mit einem kräftigen, oft durchdringenden Schreien. Das heißt dann: »Wieso kümmert sich hier keiner um mich?« Aber Mama oder Papa erscheinen ja.

Und schauen wir nur hin. Alle Eltern, jedenfalls alle, die ein bisschen Liebe zum Kind in ihrem Herzen bewahrt haben, haben ein Lächeln auf den Lippen, wenn sie sich zu der kleinen Schlafstätte hinabbeugen. Sie geben Laute von sich, jeden Morgen, Tag für Tag, immer wieder und beinahe gleichklingend: »mein Kind«, oder schon den Namen des Kindes, »Mariechen«.

Baby strampelt, jetzt ist die beinahe schon bedrohlich gewordene Welt des Aufwachens wieder in Ordnung. Jetzt weiß es, wohin es seine Aufmerksamkeit lenken will, statt ruhelos hin und her zu schauen. Und hat dabei ein ganz starkes Empfinden seiner selbst. »Mama … Papa …«, brummelt es. Immer dieselben Worte, jeden Morgen. Sie prägen sich in gleicher Weise ein wie der Laut, den Mama oder Papa vorher hören ließen: »Mein Kind, mein Mariechen«. Beide Laute verschmelzen in dem kleinen Kopf. »Mama« aus dem Mund des Kindes, das ist gleichsam die

Antwort, der lautliche Spiegel zu »mein Kind, mein Mariechen«. So lernen wir unseren Namen kennen, fühlen uns beim Namen gerufen. Der Name wird auf diese Weise »unser Eigen«.

Der eigene Name geht aus von dem früh gelernten, unzählige Male aus dem Kindermund gebrabbelten und geplapperten »Mama ... Papa«. Zwei höchst bedeutsame, höchst vertraute Laute sind das. Sie werden jeden Morgen von dem Kleinen freudig erleichtert geplappert, manchmal gekreischt im Nachhall der frühmorgendlichen Ängstlichkeit, oft freudig gebrummelt. Und jedes Mal schwingt der eigene Name mit in diese Urlaute ein. »Mama ... – mein Mariechen«.

Mariechen? Das bin ja ich!

So müssen wir uns vor Augen führen, was die Bindungsforschung Feinfühligkeit nennt. Alles ist unendlich verwoben in hundert und mehr sinnliche Momente. Bei frühem Erwachen schon, und genauso geht es den ganzen Tag weiter.

Aus der kindlichen Erleichterung – »endlich kommt mal einer!« – prägt sich Mamas Stimme ein: »Mariechen«, das ist nicht nur ein Name, das ist auch eine kleine Verheißung. Das ist auch Erleichterung, weil die verwirrende Welt ringsumher jetzt wieder ein Zentrum und eine Substanz hat. »Mariechen«, das ist auch das frohe Lächeln, das Eltern zeigen, wenn sie sich über das kleine Bettchen beugen. Der eigene Name ist ein hochkomplexer Laut und Klang. Er enthält das Selbst in seiner Urform. Ich bin bei meinem Namen gerufen – das ist Verwebung äußerst vielfältiger Art. Sie lässt sich kaum nacherzählen.

Nach dem Aufwachen geht es weiter: Das Baby wird gefüttert, heute vielleicht mit einem Fläschchen – »auch nicht ganz das Richtige, an der Brust schmeckt es besser, aber na gut, man nimmt ja, was man kriegt« – oder gar mit einem Brei aus einem kleinen Glas, aus der die biologisch einwandfreie Kinderkost herausgekratzt und gelöffelt werden muss.

Baby lutscht und schmatzt. Natürlich schwingt in jedem Lutschen und Schmatzen die Erinnerung an die mütterliche Brust mit. Der süße Brei ist Weiterführung der mütterlichen Nahrung. Aber diese hier ist konsistenter, ein wenig widerständiger als das Saugen an Mamas Brust. Manchmal verzieht ein Kleinkind deshalb unmutig den Mund und will zur Brust zurück. Der blöde Löffel wirkt kalt gegen Mamas Hautnähe, das Herumgestochere im Gläschen ist auch irgendwie misslich und dauert im Übrigen viel zu lange. Aber schließlich findet es sich auch mit dieser unerhörten Neuigkeit ab. Warum? Die Erinnerungsspuren an frühere Stillungen, Sättigungen an Mamas Brust, die Freude am Schmatzen und Lutschen haben viel Lebenszuversicht erzeugt. Nun gelingt dem Kleinen auch der – nur scheinbar unwichtige, in Wahrheit gewaltige – Sprung von Mamas Brust zum Fläschchen und schließlich zum Brei.

Und dann geschieht etwas Bedeutsames: Kinder sind genügsame Wesen, sie nehmen, was sich ihnen bietet, und zum Schluss sind sie ganz zufrieden damit. Nun will das Kleine den befremdlichen Löffel auch genauer kennenlernen. Ein hochinteressantes Gerät! Baby greift heftig nach ihm, spürt das Metall, das sich ganz anders anfühlt als Mama, aber irgendwie auch gut, irgendwie aufregend.

Ein gutgelauntes Kind ist immer auf der Suche nach etwas Neuem. Neugier ist Babys eingeboren. »Zeig mal her, dieser Löffel gehört mir, her damit ...« – und schon kleckert die Hälfte der nicht ganz preiswerten Speise über Babys Lätzchen oder auf Mamas Rock.

Das ist ärgerlich, natürlich ist es das! Aber können wir uns, wenn wir uns diese viele feinen Verknüpfungen vor Augen führen, nicht trotzdem klarmachen, dass es für dies

Kind eine total unerwartete Katastrophe bedeutet, wenn Mama jetzt empört losschimpft? Oder wenn sie ihr Kind sogar von sich weghebt, um den ärgerlichen Flecken wegzuputzen? Wie wertvoll solch ein Kleidungsstück auch sein mag, das Erschrecken des Kleinkindes ist es jedenfalls nicht wert. Dieses Erschrecken reicht nämlich tief.

Ich habe das Greifen nach dem fremden kalten Metall und nach der neuartigen Form des Löffels ein bisschen beiläufig erklärt. Das war wahrscheinlich ein Fehler. Es handelt sich nämlich um einen großen Erkenntnisschritt in der kindlichen Wahrnehmung. Ein Schritt nach außen, ein Griff in die fremde Welt hinein, probehalber, leicht von Angst durchzogen, aber tapfer. Ein Schrittchen weg von Mama, ihrer Hautnähe und ihrer vertrauten Brust, hin zu dem befremdlichen Material des Löffels.

Schauen wir wieder ganz genau hin: Mamas Haut und Geruch waren ganz eng assoziiert mit Nahrung, Stillung und Stillwerden. Auf dieser Basis fasst das Kind den Mut, während seiner Sättigung nach dem anderen Material, der anderen Art von Nahrung zu greifen. Es bewegt sich – während es zwei Gefühle gleichzeitig präsent hat: ich habe Hunger und: Mama hat meinen Hunger immer und immer gestillt, darauf kann ich mich verlassen! –, aus dem Vertrauten heraus und schließt seine Sinne auf zu einer noch unbekannten Welt.

Was es dafür am allerdringlichsten benötigt? Das liegt doch auf der Hand: Mama, ihr Lächeln. Am besten ist es, wenn Mama in solchen mutig erkundenden Augenblicken stolz Babys Namen wiederholt: »Mein Mariechen, so groß ist sie schon!« Dieser Entdeckungsschritt ist ja ganz verwoben in die ursprünglichsten Körpergefühle und alle Bewegungen des kindlichen Geistes. Gelingt das Zugreifen, das Löffelhalten und diese ganz neue Art von Sättigung, dann werden zugleich ganze Kaskaden an Botenstoffen im Hirn frei, die nun das »limbische« Gefühlsareal mit den noch ganz unfertigen kortikalen Bereichen des Gehirns verbinden und diese zu immer höheren Bewusstseinsfunktionen antreiben. So wird ein Kind mutig und klug. Einfach ist das nicht!

All das passiert jetzt, im Hungergefühl und im gleichzeitigen tapferen Griff nach dem Löffel. Wenn Mama nun also, mitten in diese sehr ambivalenten Empfindungen hinein, empört aufschreit (»mein schöner Rock«), dann stürzt die ganze lehrreiche Komplexität natürlich abrupt in sich zusammen. Jetzt ist auf einmal gar nichts mehr in Ordnung! Wenn Mama gar losschimpft, sind alle Sicherheiten zerstört, alle Gewissheiten zerbrochen. Der Mut und das mühsam erworbene Wissen um Eigenart von Löffel und Glas zerbrechen.

Falls eine Mutter nun gar ihr Kind abrupt und hastig auf ein anderes Stühlchen setzt, aus Ärger oder als Strafe, dann verliert das Kind seinen allerletzten Halt in all der auf es einstürzenden Verwirrung – ganz buchstäblich verliert es den: Es will sich jetzt festhalten. Mama ist ja der Garant dafür, dass alles irgendwie wieder in Ordnung kommt. Mama muss deutlich machen, dass das Greifen nach dem Löffel »gut« und nicht »böse« war. Sie muss jetzt Halt für das Kleine sein. Sonst hockt es verloren auf seinem Stühlchen, brüllt natürlich, und Mama verliert endgültig die Nerven und schimpft noch lauter drauflos. Dann wäre alle Freude und das schöne neue Wissen entwertet, fast schon ausgelöscht.

Erinnern wir uns: In Mamas »mein Mariechen ist ja schon so groß« schwang die allmorgendliche Versicherung des Kindnamens mit. Name und mütterliche oder väterliche Stimme wirkten wie lauter Bekräftigungen. Daraus war ja der kindliche Mut erwachsen, sich nicht mehr krampfhaft an Mamas Brust zu klammern, sondern mit der anderen Nahrung, dem konsistenteren Brei, zufrieden zu sein, und zuletzt sogar neugierig und kräftig nach dem Löffel zu greifen, um sich mit dem Unbekannten, aber (auch) Sättigenden vertraut zu machen.

Riesenschritte hin zur Selbständigkeit sind das – mit Mamas Schimpfen ist alles zerbrochen wie Glas. Und der Klang des eigenen Namens, was ist mit dem? Zumal dann, wenn die Mutter erschrocken auffuhr und verärgert den Kindesnamen ausrief, aber diesmal mit einer ganz anderen Stimme: »Mariechen!« Jetzt ist das im Namen mitschwingende Vertrauen beschädigt. Wie lange? Für einen Tag oder viele Tage oder für immer? Wer weiß das schon? Wie lange dauert ein Schreck und wo in der Psyche bleibt die Erinnerung an ihn haften?

Ist es vielleicht möglich, dass jedes Mal, wenn dieses Kind in Zukunft seinen Namen »Mariechen« hört, eine Spur solchen Erschreckens jeweils beigemengt ist? Vielleicht geschieht ein erstes Nicht-Hinhören, wenn der eigene Name gerufen wird, ein erstes Sich-selber-nicht-Wiedererkennen im Ureigensten, dem Namen.

Ein paar dürre Fakten zur Entwicklung des Kindes

Babys können nicht gut schauen, nur in einem Nahbereich von 18 bis höchstens 30 Zentimeter sehen sie Dinge und Menschen, Gesichter und Gegenstände einigermaßen scharf. Das ist aber kein Problem, denn alles, was für ein Baby wichtig ist, spielt sich ganz nah bei ihm ab. Das Fühlen, die Nähe und der Geruch von Mamas Brust, das Gefüttertwerden, das Gestilltsein, das Hingelegtwerden und Einschlafen. Nie sind Mamas oder Papas oder ein anderes Gesicht weiter als 30 Zentimeter vom Baby entfernt. Wir Erwachsenen haben dafür eine Intuition. Sosehr wir sonst den Intimbereich zwischen zwei Menschen beachten und nicht überschreiten, so sehr rücken wir bei ganz Kleinen ganz nah an ihr Gesicht heran. Das Allerwichtigste sind nämlich Gesichter für Babys. Und von allen Gesichtern lernt es das der Mutter als Erstes von anderen Gesichtern zu unterscheiden. Aufmerksam blickt es in die Augen, erkennt die Formung der Wangenknochen und der Nase wieder, aber das Bedeutungsvollste ist wohl der Blick der Augen, die Art, wie das Kind angeschaut wird: Das kann es auch über 30 Zentimeter leicht erkennen. Und dies ist der Beginn von allem.

Gerüche spielen für Neugeborene eine große Rolle. Den Duft der mütterlichen Haut und ihrer Brust erkennen sie schon nach sehr kurzer Zeit. Freilich können Neugeborene auch angenehme Düfte von unangenehmen unterscheiden. Bei einer Banane oder Vanille strahlen sie – kein Wunder, dass Vanilleeis bei den Kleinen so beliebt ist, während sie Fisch (Fisch schmeckt gut, riecht aber nicht immer so) und erst recht faule Eier verabscheuen und ihre kleine Nase zur Seite drehen.

Es ist kaum zu glauben, aber schon mit 6 Wochen können Embryos im Bauch einer Mutter ihre Lippen spüren und die Berührung mit ihren Lippen wahrnehmen. Der Mund bleibt nach den Augen das wichtigste Sinnesorgan in den ersten vor- und nachgeburtlichen Wochen. Mit dem Mund tastet das Kind die Umwelt ab, erkundet alles und jedes, indem es sich alles in den Mund steckt. Den Ball aus

Gummi ebenso wie die Tischdecke, und vermutlich wird alles gemessen an dem Wohlgefühl und Wohlgeschmack von Mamas Brust. Schauen wir nur genau hin: Babys nehmen Schnuller gern in den Mund, aber wenn man ihn ihnen zum ersten und zum zweiten Mal zur Beruhigung in das Mündchen steckt, dann verziehen sie erst das Gesicht, kauen missmutig auf dem Gummi herum (Mamas Brust war aber doch erheblich angenehmer) und beginnen erst dann, sich an die Ersatzbrust zu gewöhnen. Mund und Augen stellen übrigens auch die erste Verbindung, die allerersten Vernetzungen der Wahrnehmungen dar. Wenn ein Kind einen Schnuller gewohnt ist, ihn mit seinem Mund erkundet und sich mit ihm vertraut gemacht hat, dann erkennt es diesen Schnuller auch mit den Augen wieder. Sogar die symbolische Darstellung dieses Schnullers auf einem Bild verbindet es mit seinem Mundempfinden. Noch einmal zum Vorgeburtlichen: Schon ab dem 6. Schwangerschaftsmonat trinken Embryos das Fruchtwasser im Mutterleib, sie schmecken es auch. Im Fruchtwasser sind Aromen aus dem Essen, das die Mutter vorher zu sich genommen hat, Süßes und Salziges, Bitteres – auf diese Weise wird der Geschmack der Mutter, ihre Vorliebe bereits ein Vierteljahr vor der Geburt von dem Kind aufgenommen, in das Körperliche hineingesaugt. Die vorgeburtlichen Prägungen sind ein wichtiger Beleg dafür, dass Mama nicht nur wegen ihrer seelischen Kraft und nicht nur wegen der gemeinsamen Geburt so unersetzlich und unaustauschbar für ein Kind ist, sondern auch deshalb, weil sich so viele Vertrautheiten im Hören und Schmecken, in der Bewegung der Körper und vielem mehr in dem Kind versammelt hat. Ist Mama nach der Geburt nicht da, zerreißt die erste Erinnerungsspur. Auf dieser Grundlage entfaltet sich nach der Geburt das Gehirn, schon rein organisch in enormem Umfang. Innerhalb des ersten Jahres wächst das kindliche Gehirn auf etwa 750 Gramm an. Denn dieses Kind lernt und lernt, zieht die Dinge in sich hinein, atmet und saugt sie ein und stellt immer mehr Verbindungen her, zunächst von den Mundempfindungen hin zu den Augen, dann von den Augen hin zur Wiedererkennbarkeit, das Wiedererkannte wird vor allem durch das Greifen, die Feinfühligkeit der Finger und der Hände gestützt und verstärkt. Es ist ein hochkomplexer Vorgang, den man mit »Lernen« nur unvollkommen umschreiben kann. Die Seele des Kindes wächst in die Welt hinein. Sie spiegelt die Welt auf eine ganz eigene Art wider. Nie wieder wird die ganze Welt so sein, wie sie war, bevor dieses Kind sie betrat.

Auch das Hören ist eine besondere Begabung von Kindern schon vor der Geburt. Musikstücke, die Mama liebt, werden von dem Kind aufgenommen, Rhythmus und Harmonie prägen sich ein und werden ein Leben lang behalten. Welche Musik wir später als besonders angenehm empfinden, welche uns ganz tief im Seelischen erschüttert, das wird hier schon in ersten Konturen geprägt. Dabei ist das Gehör dieses Kindes extrem empfindlich, viel empfindlicher und differenzierter als unseres. Es hört winzige Unterschiede, sogar die zwischen zwei unterschiedlichen Sprachen, obwohl es selber ja gar nicht reden kann. Die Mamasprache, die Muttersprache, bei der es später seelisch und geistig zu Hause sein soll, weiß es jetzt schon zu unterscheiden von einer fremden Sprache. Gleichzeitig ist sein Hören und Wahrnehmen unendlich geöffnet. Kinder sind direkt vor und direkt nach der Geburt im Prinzip in der Lage, jede beliebige Sprache der Welt zu lernen. Aber wichtig ist natürlich nicht, dass sie sechs oder sieben Sprachen in ihren ersten Lebensjahren auswendig lernen, unendlich viel wichtiger ist es, dass sie eine Sprache, die Muttersprache lernen. Die Muttersprache ist eine gefühlte und wissende Sprache. Sie ist verwoben nicht nur mit dem Hören, sondern auch mit dem Schauen und mit der Mundempfindung und mit der Haut, mit allen Feinheiten des Gefühls. Nach der Muttersprache lernt sich dann alles andere.

Tatsächlich sind Babys Wasserratten. Im Alter von etwa sechs Wochen bis vier Monaten schwimmen sie höchst vergnügt im Wasser, wissen in einem Schwimmbecken instinktiv ihre Ärmchen wie kleine Paddel zu bewegen, reißen dabei die Augen auf und haben nicht die geringste Furcht. Und gleichzeitig schützt sie ein Atemreflex davor, dass sie Wasser schlucken. Babyschwimmen ist nicht ohne Grund beliebt – man soll es aber nicht übertreiben und nicht gleich ein Förderkonzept daraus machen –, Unterwasserschwimmen hat unendlich viele seelische und körperliche Vorteile. Das Baby kehrt zurück in den vorgeburtlichen Zustand, das Baby lernt, seinen Gleichgewichtssinn zu trainieren, den Körper in allen Empfindungen, eingeschmiegt in das Wasser, zu spüren und zu bewegen. Seltsamerweise entwickeln viele Kinder auch dann, wenn sie am Babyschwimmen teilgenommen haben, Angst vor dem Wasser. Das richtige Schwimmen müssen sie dann später ganz von vorn lernen.

Im Durchschnitt wächst ein Baby in 267 Tagen im Mutterleib heran. Es wiegt bei der Geburt ungefähr 3000 Gramm und ein paar mehr und ist ungefähr 50 Zentimeter groß. Übrigens kommen 3 Prozent der deutschen Kinder als Zwillinge zur Welt, 0,1 Prozent als Drillinge. Was für die geplagten Eltern zweifellos ein Glück ist. Das Gehirn des Neugeborenen wiegt ungefähr 300 Gramm, das ist ein Viertel des Gewichts des Gehirns eines erwachsenen Menschen. Aber alles liegt schon bereit für das Abenteuer des Geistes, mehr als 100 Milliarden Nervenzellen warten auf ihren Einsatz. Mit ihnen wird das Kind nach der Welt greifen und die Welt erobern.

Was war am Anfang?
Die Liebe und das Wort

Alle lebendigen Wesen brauchen Fürsorge und Liebe, die Tiere ebenso wie die Menschen. Aber etwas Besonderes unterscheidet schon die allerkleinsten Menschenwesen von den Tieren. Sie wollen nicht nur umhegt und versorgt werden, sie wollen »anerkannt« werden. Diese Anerkennung findet zuerst zwischen Mama und Kind statt.

Behutsam durchforscht das Kind das Gesicht und die Stimme, die Gestik von Mama – ist sie gutgelaunt, ist sie froh oder etwa mürrisch oder abwesend? Auf jede feinste Gestik und Mimik reagiert es. Kindliches Welt-Wissen entsteht durch lebendige Kommunikation, durch den innigen Austausch mit einer vertrauten Person. Übrigens haben wir Erwachsene alle miteinander eine Intuition für die Kleinen.

Wenn wir mit ihnen reden, heben wir zum Beispiel unsere Stimmen spontan um eine halbe Oktave an. Das ist seelisch und neurobiologisch sinnvoll: Kinder nehmen bis zum zweiten Lebensjahr hohe Tonlagen sehr viel genauer und intensiver auf. Auch das »Dada« und »Dudu«, das Mütter und Tanten, über den Kinderwagen gebeugt, vor sich hin plappern, hat seine ganz eigene Klugheit. Offensichtlich handelt es sich um Urlaute aus einer Zeit, als Menschen begannen, sich mit rudimentären Sprachlauten und Zeichen in einer gefahrvollen Umwelt zu verständigen. Ein ganzes Stück Menschheitsgeschichte lebt auf, wenn wir mit den Kleinsten mitfühlen, mitlachen, herumalbern und Grimassen schneiden. Ein Erbe der Menschheit! – wir sollten uns dem einfach spontan überlassen und folgen. Dann machen wir schon fast alles richtig! Dann lachen die Kleinen in ihrem Kinderwagen, grummeln und brabbeln vor sich hin, sabbern zuweilen und geben unendlich vielfältige »kommunikative Signale« an die Erwachsenen zurück. Wir verstehen jedes einzelne, wir müssen nur Augen und Ohren aufsperren und klug antworten. Die kleinkindhafte Welt ist ein fortwährendes Kommunikations-Spiel.

Das wichtigste »Spielzeug« ist jedoch nicht irgendein Gegenstand, sondern der Austausch mit Mama und Papa, einer wohlwollenden Tante oder sonst einem liebevollen Menschen. Babys sind in der Auswahl von Betreuungspersonen großmütig und nicht übermäßig wählerisch – immer vorausgesetzt, die Person ist lieb und Mama bleibt nicht allzu weit weg.

Ich sagte eben, wir sollten nicht nur schauen und lächeln und uns freuen – so wichtig auch das alles ist! –, sondern auch »klug antworten«. Das hat folgenden Grund: Ein Kind will nicht nur Freude empfinden. Es will auch nicht nur Mamas Lächeln oder das einer netten Tante oder Großmutter wahrnehmen. Es will vielmehr selber Freude hervorrufen: Erst wenn es mit seinen Gesten, seiner Stimme, seinem zahnlosen breiten Grinsen liebevolle »Antworten« hervorgerufen hat, etwa ein strahlendes Gesicht oder ein wohlklingendes »Dudu« usw., erst dann ist der ganze wunderbare Austausch solide in seiner Psyche verankert. Ich und Mama, ich und Papa, ich und die da – wer ist das bloß, na egal, ich kenne die, die ist lieb: Aus diesen Gefühlen entfaltet es die Gewissheit, in einer guten Welt angekommen und mit ihr in lebendigem Kontakt getreten zu sein. Das Kind-Ich wird immer voller, immer vollständiger dabei und lernt und lernt und lernt.

Solches »Spielen« ist typisch für kleine Wesen, Menschen und Tiere betreiben es gleichermaßen. Aber das Spielen mit dem Ziel der Anerkennung »meiner« Gefühle und »meiner« ganzen Person ist dem menschlichen Wesen vorbehalten. Nur das Menschen-Kind muss sich zu seiner eigenen Bewusstheit seines Selbst durcharbeiten.

Es will in Kontakt und Spiel anerkannt, also mit sich selber bekannt werden. Mamas Blick zeigt mir, wer ich bin, aber Mama reagiert auch auf mich, es ist ein schönes Lächeln oder Strampeln, das ich Mama zukommen lasse, da lächelt sie auch. Ich bin dieser Welt nicht ausgeliefert, ich kann sie beeinflussen. Mama schaut, und ich fühle mich »ganz«. Ich antworte ihr, jetzt fühle ich mich noch mehr »ganz«. Ich lerne zu schauen und zuzuhören, ich lerne mein Lächeln, meinen Verdruss, mein ganzes Dasein geltend zu machen. Ich bin »da«! (Hat jemand behauptet, Kleinkinder seien simple Wesen? Der hat keine Ahnung!)

Wird dieser fein gegliederte Austausch durch grobe Gehorsamsforderungen unterbrochen (»Nun sitz doch mal still! Dreh den Kopf nicht immer hin und her! Du fällst noch aus dem Kinderwagen! Erst wird das Fläschchen leer getrunken, dann darfst du krabbeln!«), dann bricht ein wichtiger Teil des kindlichen Gefühlslernens in sich zusammen. Das Lächeln wird ängstlicher, das Vertrauen nimmt Schaden.

Um Ihnen diesen Gedanken ganz klarzumachen, will ich an einem Beispiel ausführen, wie die Selbstanerkennung eines Kindes mit den elterlichen Reaktionen zusammenhängt und wie leicht sie gestört werden kann. Nehmen wir zum Beispiel das Füttern, die Nahrung. Ja, ein Kind grabscht manchmal gierig nach der Brust, saugt und nuckelt vergnügt, später hantiert es ungeschickt, aber eifrig mit dem kleinen Löffel, um den süßen Brei in den Mund zu schieben. Bei alldem ist das Hungergefühl aber nur teilweise wichtig. (Wenn ein Kind allerdings richtig »Hunger hat«, ist ihm alles andere erst mal ziemlich egal!) Der andere Teil ist »Anerkennung«, der oder die Kleine schaut unermüdlich auf die Erwachsenen und prüft: Ist es gut so, wie ich sauge oder nuckle, hast du Freude an mir, schaust du mich an, während ich Nahrung zu mir nehme?

Etwas pathetisch können wir so formulieren: Nahrung nimmt ein Kind nur dann zufrieden auf, wenn sein »Genährtwerden« von der fraglosen Anerkennung seiner Person begleitet ist. Brechen die Anerkennung und damit auch das schöne Selbstgefühl bei der Ernährung zusammen, dann bereitet sich eine Störung vor, sie reicht tief, oft bis in den Kern der Persönlichkeit.

Typische Folgen können Essstörungen wie Bulimie oder Magersucht sein, ebenso Selbstverletzungen, die unter den Teenies derzeit um sich greifen wie eine Epidemie. Die davon betroffenen jungen Mädchen (selten Jungen) haben viel zu wenig Vertrauen erworben, nicht in sich selbst noch in ihren Körper, noch in ihre Umwelt. Sie glauben nicht daran, dass die Welt ihnen wohlgesinnt ist und dass sie in ihr willkommen sind. Deswegen wollen sie alles radikal manipulieren, ihre elementaren Bedürfnisse, ihren Körper und die ganze Umwelt, egal ob es sich um die Familie oder Schulfreundinnen oder sonst wen handelt. Wer kein Vertrauen hat, muss dauernd dominieren. Einfach ist das nicht! Wie sollen sie sich denn derart kräftig zur Geltung bringen, wenn sie sich doch andererseits so wenig »anerkannt« fühlen? Ihre Lösung: Sie versuchen, sich der befremdlichen Welt ganz »perfekt« entgegenzustemmen. Perfektion ihres Körpers, Perfektion ihrer Leistungen (egal welcher Art), eine ganz und gar perfekte Gesamterscheinung, gepaart mit der Härte ihres Willens, soll dieser Welt entgegengesetzt werden. Sie haben ihr Interesse von der Welt ab- und einem starren inneren »Idealbild« zugewendet. Jetzt sind die vielen Kränkungen, die sie empfangen haben, nicht mehr so wichtig. Sie berühren sie nicht mehr. Nichts berührt sie mehr. Gemessen an ihrer – selbstsuggerierten oder starrsinnig angestrebten – Perfektion, erscheint die reale Welt höchst unvollkommen und eigentlich bedeutungslos.

Die Vorbilder für ihre Perfektionsvorstellungen finden sie in den Medien. Ich muss schlank sein, dann noch schlanker, noch dünner, fast schon nicht mehr körperlich – so reißt sich ihr Wille von ihrem natürlichen Körperempfinden los. Sie erstreben das Absolute. Ich will diese Welt nicht, sie hat mich nicht anerkannt, ich will auch diesen Körper nicht, er wurde nicht ausreichend gewärmt und genährt, berührt und gestreichelt. Alles löscht der kalt gewordene kindliche Wille aus, indem er den Körper an die Grenze des Daseins treibt. Fast schon verschwunden ist er, alles Körperliche ist fast nicht mehr von dieser Welt, abgehoben in ein weiches Licht aus Hunger, Disziplin und radikaler Selbstbezogenheit. Diese ungeliebten Kinder haben sich von dieser Welt und sogar von sich selber abgewendet. Jetzt benötigen sie keine »Anerkennung« mehr. Die Logik ihrer Seele ist paradox: Sie sind sich selber genug, indem sie sich fast zum Verschwinden gebracht haben.

Ist die Welt nicht so, dass sie ein Kind fortwährend erkennt und anerkennt, dann wird sogar etwas so Natürliches wie das Essen als Angriff auf das überempfindliche gestörte Körpergefühl empfunden. Dann wird sogar etwas so Fröhliches wie Essen zu einem beschmutzenden, sinnentleerten Ritual. Essen kränkt das sinistre Ich, das sich ganz auf Abwehr der Außenwelt eingestellt hat und vom Austausch mit ihr nichts mehr wissen will. Essbare Sachen in den Mund nehmen, in den eigenen Körper aufsaugen, in den eigenen Stoffwechsel einfügen – wie eklig das ist, es kränkt!

Das ist ein sehr krasses, aber anschauliches Beispiel davon, wie verzweigt und nachhaltig der intensive Kontakt zwischen Kind und Bindungsperson wirkt. Was hier erworben wird, das stirbt nie ganz. Was versagt wurde, auch nicht.

Dieser Exkurs ist etwas ausführlich ausgefallen, mir war es gleichwohl bedeutsam, an einem Beispiel die Tiefe und die Nachhaltigkeit der frühesten Gefühle und der Antworten auf die kleinkindlichen Gefühle zu verdeutlichen. Schau mich an, damit ich weiß, wer ich bin – das sind die Signale, die das Kleinkind an die Mutter schickt. Sag mir, wer ich bin. Sonst bin ich ganz verloren. Das ist das Geheimnis des kindlichen Schmerzes, des verzweifelten Weinens oder wütenden Aufbegehrens, wenn Mama sich einmal nicht um das Kind kümmert, sich nicht zu ihm herabbeugt, seine Wünsche nicht mitempfindet und, so weit es möglich ist, erfüllt.

Du schaust mich gar nicht an, du erkennst mich nicht, also kenne ich mich selber nicht – dies ist die Botschaft des Trotzanfalls. Ich bin gar nicht mehr ich, weil ein Nein oder eine Gleichgültigkeit mein Dasein gestört hat, weil eine verneinende Stimme von Mama mich plötzlich herausgerissen hat aus allen Ich-Gewissheiten. Jetzt vermag ich mich kaum noch zu regen, jedenfalls nicht so, dass ich mit meinen Gefühlen in Übereinstimmung bin. Ich habe ja gar keine Gefühle mehr. Was ich tun kann, das tue ich jetzt: Ich schmeiße mich auf den Boden, ich schreie, ich brülle. Am liebsten wäre es mir, wenn mir der Kopf platzte, die Welt hinter meinem Gebrüll und den Tränen verschwände, die mir die Augen verstopfen. Die Welt kann mir gestohlen bleiben. Ich will sie nicht kennenlernen. Ich kenne mich ja nicht einmal selbst. So sieht es im Extremfall aus, wenn einem Kind diese komplexe Suche nach Anerkennung und allem, was an Selbstfindung damit verwoben ist, nicht gelingen will.

Der feine Austausch, die Feinfühligkeit in Blick, Stimme und Wort – kurzum die Gesten der wechselseitigen Anerkennung sind von Eltern und Kind (oder sonst einer erwachsenen Vertrauensperson) in aller Regel von Liebe und

Fürsorge, Innigkeit und Empfindsamkeit getragen. Aber es sind ja so viele feine Gefühle und Gesten, jede Kleinigkeit kann sie stören. Das geschieht auch immer wieder, auch die liebevollsten Eltern können es gar nicht vermeiden. Die Folgen sind trotzdem ziemlich dramatisch.

Ein abruptes Nein, ein wütendes Aufschreien des Kindes – der Kontakt ist erst einmal zerrissen. Das ist keine kleine Sache. Jetzt stürzen nämlich beide in ein vorübergehendes seelisches Desaster, nicht nur das Kind, auch die Mutter. Sie weiß sich auch nicht zu helfen. Sie hat den Kontakt verloren. Das Kind ist in ihren Gefühlen nicht mehr richtig präsent. Mütter sind dann sehr hilflos. Man muss nur hinschauen, wie sie auf die Kleinen einschimpfen, reden und reden, oft überaus lautstark.

Aber schauen wir nur *ganz* genau hin: Trotz und Schimpfen sind doch nur Störungen in diesem ungemein fein aufeinander abgestimmten Wechselspiel zwischen Kleinkind und Erwachsenen. Mag sein, es wird gestört, für kurze Zeit unterbrochen, aber es zerreißt nicht ganz. »Feinfühligkeit« ist ein müheloses Ineinander-verspiegelt-Sein, wie zwei Spiegel, die mit der gläsernen Seite aufeinander gelegt sind, so dass man nicht mehr unterscheiden kann, was hier und dort ist. So innig ist das.

Letztlich ist es kein Wunder, dass solche Einheit in den ersten sechs bis acht Lebensmonaten vor allem zwischen Mutter und Kind gelingt. Sie tragen ja beide Erinnerungsspuren in sich an ein symbiotisches Einssein vor der Geburt, das es so im menschlichen Leben nicht noch einmal gibt. Dies ist einzigartig und prägend bis in alle Fasern der Psyche und des Körpers.

Nein, das gibt es nirgendwo sonst, dass zwei Wesen seelisch und leiblich ganz und gar eins sind oder gewesen sind, und sich doch beide zur Individualität hin entfalten sollen. Das ist ganz unerhört, keine Philosophie reicht an diese biologische Wahrheit heran. Wir stehen staunend davor, und so lange wir staunen, machen wir in der Erziehung eh das allermeiste richtig.

Diese eben beschriebene Art, sich ineinander zu spiegeln, ist die Fortsetzung der symbiotischen Einheit. Körperlich sind die beiden jetzt auseinander gerissen, jedes eine Entität, jedes ein eigenes Wesen, aber seelisch bleiben sie im Nachhall von Schwangerschaft und Geburt noch ganz ineinander verklammert. Sie sind eigentlich nur halb geteilte Wesen. Zur Hälfte sind sie noch eins. Aber ein geheimes Menschenschicksal treibt sie auseinander – wir sind alle aus dem Paradies vertrieben – und dieses Forttreiben schmerzt. Es macht unruhig, es führt zur Klage. Das Schreien des Kleinkindes erscheint mir oft mehr wie eine Klage denn Ausdruck lebenserhaltender Bedürftigkeiten. Und die vielen kleinen Traurigkeiten, die leise Melancholie, die fast alle Mütter kennenlernen, sind auch fast verstummte Klagen. Wenn das menschliche Leben beginnt, wird es sogleich von der Melancholie eingeholt. Dies hört dann nie wieder auf.

Ist das ein dunkler Gedanke, ein negativer? Nein, es ist das genaue Gegenteil! Würden wir uns mehr in diese Melancholie versenken, statt sie abzuspalten und zu vergessen, dann würden wir uns auch liebevoller und sehnsuchtsvoller unserem Kind zuwenden, dann würden wir uns nicht von tausend Normen und pädagogischen Ratgebern verunsichern lassen. Wir wüssten ja aus dem Innersten unserer seelischen Verfassung, wie einig wir mit diesem Kind sind, getrennt zwar seit der Geburt, aber letztlich doch unauflöslich vereint. Wenn wir uns darauf verlassen, dann kann Erziehung nicht schiefgehen.

Aber wer hat schon die Kraft, sich auf das Melancholische zu verlassen, die Tragik des Schicksals, das Mutter und Vater und Kind umfängt, wirklich anzuerkennen und zu gestalten. Doch genau so, so groß müssen wird die Auf-

gaben von Eltern denken. Mit dem Wort Erziehung be-
schreiben wir viel zu wenig.

Ein Kind ist eine Erschütterung, das ganze Dasein stellt
sich auf den Kopf. Jetzt bin ich hier! Jetzt ist alles ganz neu!
Die Welt erbebt vor Freude über meine kleine Existenz,
und wenn nicht die ganze Welt, dann doch Mama und Papa
und Großmutter und viele andere, und wartet nur ab: Bald
bebt auch der Fußboden unserer Wohnung, wenn ich darauf herumtrampele, dass die Leute unter uns meinen, ihnen
fällt der Himmel auf den Kopf. Alles beginnt neu mit meiner Geburt.

Gewiss, Vater und Mutter erzittern zunächst mal als Folge zahlloser unausgeschlafener Nächte. Finanzielle Sorgen
haben sie auch. Jede junge Familie hat Finanzprobleme.
Dafür sorgen Behörden aller Art in unermüdlicher Beharr-
lichkeit. Die kleinen, aber so unendlich vielen Sorgen Tag
für Tag, die einen zerfressen (und die in unsere Gesellschaft
durch eine erbarmungslose Bürokratie in jede Familie hin-
eingetragen werden, meist unter dem Vorwand der »Fami-
lienhilfe«) machen das Leben oft mühsam und wiegen
schwer. Aber sie dürfen nicht den Blick auf das rauben, was
mit diesem neuen Wesen so unvergleichlich begann: die
Essenz. Die Essenz ist die Erschütterung, die von jedem
neu geborenen Kind ausgeht, weil jedes Kind das eigene
Leben und vielleicht die ganze Welt neu aufreißt. Jetzt beginnt ein anderes Leben. Eines mit viel mehr Zukunft, einer Zukunft sogar über den eigenen Tod hinaus. Nur wer
so denkt, denkt »Bindung«, wie sie eigentlich gemeint ist,
als Liebe. Paulus schrieb: »Wenn alles endet, der Neid und
die Gier und das Zungenreden endet, die Liebe höret nim-
mer auf.« Solche mystischen Sätze sind die klügste Pädagogik, die man zurzeit in Schriftform findet.

Und nun will das Kind die Mutter (zuerst die Mutter)
in seine Welterfahrung, die mühsam ist, hineinzerren. Es

will der Mutter etwas bedeuten und damit selber bedeutsam werden. Es will ihr sagen, schau, was ich sehe, siehst du das auch? Sind wir eins auch im Sehen, eins auch noch im Hören? Verschmelzen unsere Sinne oder trennen sie uns von einander? Das ist die beharrliche Geste, mit der ein Kleinkind schon auf einen Gegenstand, der ihn lockt, hinweist und die Mutter zur Aufmerksamkeit verführen will: Schau doch nur, das Blatt dort, das vom Ast gefallen ist, wie spannend das ist. Aufrührend, geradezu überwältigend! Jetzt fühle ich mit meinen Händen dieses Blatt, ein fremdes Gefühl. So haben sich meine Fingerspitzen noch nie angefühlt. Es sind ganz andere Fingerspitzen und doch meine. Welch unendliche Fülle in diesem kleinen Gefühl steckt. Was alles möglich sein muss, wenn diese Fingerspitzen jetzt schon so unterschiedliche Empfindungen signalisieren. Schau mir doch zu, fühl mit mir, wie viele verwirrende Empfindungen dieses Blatt stiftet, sonst können wir doch nicht einig sein. Das ist das Geheimnis der Feinfühligkeit der Mutter, von der die Bindungsforschung gern spricht. Sie muss nicht nur verstehen, was das Kind gerade signalisiert, nein, sie muss seine Empfindsamkeit teilen, sein Verblüfftsein über die Eigenart der Welt, seine Befremdung und Angst und sein Frohlocken: Ich bin in dieser Welt, ich bin mittendrin, ich bin und werde sein und die Welt ist auch und wird auch sein.

Und es sagt weiter über sich hinausweisend: Schau mal, meine Augen, die sind ganz neu, sie richten sich auf eine neue Welt, in meinem Anschauen verändert sich diese Welt und zeigt ihre Eigenart in fremdem Licht. Komm, schau doch mit mir, Mama, dann verändert sich auch dein Blick, wird auch neu: Was für ein Abenteuer, das Leben beginnt noch einmal.

Das ist das Versprechen der Kinder an ihre Eltern. Wird das aufgenommen, dann gelingt Erziehung. Dann ist Erziehung gar keine Erziehung mehr, sondern eine Welterfahrung, eine aus verschiedenen Positionen und unterschiedlichen Anfängen. Eine, in der sich Wertvolles ergänzt. Bei solcher Erziehung stellen sich Fragen nach Gehorsam und Besserwissen nicht. Unnötige Konflikte sind selten und werden oft unter Gelächter begraben. Kein Kind will von solcher Liebe lassen, und die Eltern auch nicht.

Kindheit, das ist ein unglaubliches Seinsversprechen. Wir Erwachsenen können davon nur profitieren. Wenn wir genügend die Sinne öffnen, die Augen, Ohren und auch noch den Verstand, dann empfängt es uns auch wie eine Gewissheit: Ja, die Welt ist ein Versprechen, sie ist eine unendliche Fülle von Möglichkeiten. Eine greift über die andere hinaus, das hört nicht auf, ein ganzes Leben lang nicht mehr. Wenn ich irgendwo einen Schimmer von Gläubigkeit in mir empfinde, dann in der Gemeinsamkeit mit einem Kind. Am liebsten würde ich meine Sinne den ganzen Tag anspannen, gemeinsam mit diesem Kleinen, von einem Wunder zum anderen taumeln, am liebsten würde ich nicht müde sein, aber die Müdigkeit stellt sich dann doch ein, sie ist auch so eine biologische Gewissheit. Man kann nichts gegen sie tun, man soll es auch nicht. Die Müdigkeit kann uns beide, Vater und Kind, noch einmal in eine andere Seinsebene locken. Jetzt sind wir ganz ruhig, ganz vertraut. Im Halbschlaf vermengt sich eine Seele mit der anderen. Die vielen Erlebnisse des Tages sind durchtränkt von wohligem Entgrenzen des schwierigen Ich-Gefühls. Das ist ja das Schöne an der Müdigkeit und dem Schlaf: Ein ganz klein wenig sind wir nicht mehr »wir selbst«. Wenn der Tag mit seinen vielen Erlebnissen ein wirklich gemeinsamer und das Fühlen ein oft einiges war, wenn der Austausch der Laute und der Blicke ein verständiger war – dann ist das Müdewerden und das etwas weniger Ich-Sein wieder »Bindung«. Weinendes, konfliktbeladenes Einschlafen hingegen macht traurig, dringt bis in die Träume hinein und ruft böse Bilder hervor. »Einiges« Einschlafen jedoch bindet weit über die Bewusstheit des Tages hinaus. Am nächsten Tag kann man sich auf die darin gesammelte seelische Kraft verlassen. Noch jeder Streit wird von ihr gelindert und gemildert, noch jede kleinste Streitigkeit wird durch gute nächtliche Bilder ein wenig versöhnt. So ist das.

Nachtrag: Manchmal denke ich im Umgang mit schwierigen, bindungsverarmten Kindern entmutigt: Renn doch weg, renn weit weg von dieser Bindungssehnsucht, die dich nie verlassen wird und die sich nie erfüllen kann. Renn doch weg von dem, was dich in deiner Paradoxie gefangen hält, aus der du nicht entkommst. Denn die Sehnsucht kann nicht aufhören und eingelöst kann sie auch nicht werden. Es gibt keine Lösung. Es gibt keine Versöhnung. Renn einfach drauflos, wer weiß, was dich erwartet. Es ist wie im Märchen von den Bremer Stadtmusikanten: »Etwas Besseres als den Tod werden wir überall finden«. Für Kinder und Jugendliche lauert der seelische Tod an allen Ecken und Enden. Die Gehorsamspädagogen, die zurzeit hohe Auflagen machen, sind ein Beweis dafür. Unsere Kultur will die Kleinen ersticken. Rennt doch bloß weg!

Mia sieht einen Vogel

Ausgehend von diesen grundsätzlichen Überlegungen will ich im Folgenden versuchen, die Entwicklungsschritte eines Kindes nachzuzeichnen, so konkret und detailreich wie möglich. Keine Lebensphase ist so erfüllt von Sinnlichkeit und Gefühlen. Mir scheint, die kindlichen Entwicklungen hin zum Weltverstehen, hin zu Erinnerung und Verstand, hin zur Sprache muss man *erzählen*. Versuchen wir's.

Das sechs oder acht Monate alte Kind, nennen wir es Mia, hockt auf dem Boden, halb schon aufgerichtet mit Hilfe von Kissen, und schaut aus dem Fenster. Draußen schwirrt ein Vogel vorbei. Schon mit sechs Monaten lernt Mia spontan die Bewegungen des Vogels nachzuahmen. Sie versucht zu flattern und quietscht dabei. Mit ihrer ganzen kindlichen Daseinsfreude ahmt Mia die Bewegungen und Töne des vorbeischwirrenden Tieres nach. Mit Ärmchen und Beinchen übertreibt sie all das, was sie besonders beeindruckt hat: das Flattern der Flügel, jetzt wippt sie mit den Armen auf und ab – der Klang der Vogelstimme, jetzt quietscht sie hinter ihm her. Mia hat großen Spaß dabei. Sie »imitiert«, und zwar in einem zeitlich sehr kurzen Abstand. *Jetzt* fliegt der Vogel vorbei, *sofort* macht Mia ihn nach.

Am nächsten Tag sieht sie – diesmal vielleicht aus dem Küchenfenster – wiederum einen oder zwei Vögel. Sie hocken auf der Dachrinne und schwirren plötzlich los. Mia ist entzückt. Wieder flattert sie mit beiden Armen und stößt quietschend und quiekend vogelähnliche Laute aus. Und nun passiert etwas sehr Spannendes: Mia hat ihre Körpergefühle »gespeichert«, ihr Flattern und Hopsen, ihre Muskeln und Nerven und alle Sinnesorgane erinnern sie an den Vogel da draußen. Wenn sie jetzt mit den Ärmchen wippt, dann hat sie das gespeicherte Erinnerungsbild und Erinnerungsgefühl wieder ganz präsent, und wenn sie einen Vogel vorüberfliegen sieht, dann wippt sie ganz unwillkürlich mit ihrem kleinen Körper, immer auf und ab, immer quietschvergnügt. So bilden die beiden eine Einheit, die Erinnerung und Mias Körperbewegungen. Mit unzähligen anderen Sachen und Vorgängen geht es ganz ähnlich zu. Auf diese Weise lernt Mia ihren eigenen Körper noch einmal ganz anders kennen und verbindet ihr immer differenzierteres Körperfühlen mit den Objekten »draußen in der Welt«, zum Beispiel mit einem schwirrenden Vogel. Der ist ihr jetzt schon beinahe vertraut. Die Fremdheit der »äußeren Welt« schwindet. Die Beängstigungen, die sie manchmal auslösen kann, schwindet auch. Nicht nur mit Verstand und Sinnen, sondern mit unserem Körperganzen lernen wir, uns mit der Welt zu verbünden, zu erinnern und zu erkennen.

Doch nun tritt ein weiterer Entwicklungsschritt ein, um den zu verstehen, kehren wir noch einmal zu unserem Beispiel mit dem Vogel zurück. Den hatte Mia bisher nur imitiert, sie wollte ihn möglichst genau nachmachen, mit flattern und quietschen und tschilpen (was ihr nicht recht gelungen ist!). Einen Tag später verfährt sie schon viel sparsamer. Sie deutet die Armbewegungen nur kurz an, dann weiß sie schon Bescheid: Aha, ein Vogel ist gemeint. Sie will gar nicht mehr möglichst konkret »nachmachen«. Sie ruft vielmehr gleichsam Körpersignale auf, die die ganze lebendige Erinnerung in ihr wecken. Einfacher gesagt: Sie imitiert nicht mehr, sie bezeichnet etwas. Diese abrupte Armbewegung, dieses Flattern und Tschilpen, das ist ein Vogel. (Das Tschilpen gelingt ihr übrigens immer noch nicht!) Alles *benennt* oder *bezeichnet* dieses Tier. Mit anderen Objekten ihrer Wahrnehmungen verfährt sie auf gleiche Weise.

Mia hat ihr »Weltwissen« von dem naiven Nachahmen weiterentwickelt hin zu einem »Signal«. Sie »symbolisiert«: Eines steht für etwas anderes. Später wird sich daraus Sprache entwickeln. Noch einmal anders formuliert: Mia verdichtet ihre Erfahrung zu einem »Symbol«. Wenn sie jetzt in der Küche oder beim Spaziergang mit beiden Armen auf- und abwippt und dabei höchst seltsame Quietschlaute ausstößt, dann will sie Mama oder Papa eigentlich sagen: Das ist ein Vogel – oder: hoffentlich kommt hier mal wieder ein Vogel vorbeigeflogen. Mama erkennt Mias »Sprache« natürlich nicht immer (Papa schon mal gar nicht, Männer sind in diesem Punkt ein ganz klein wenig langsamer), wenn sie aber aufmerksam hinschaut, wird sie bemerken, dass die Kleine bei jedem Vogel (oder vogelähnlichen Tier) diese Wippbewegungen und die begleitenden Geräusche macht. Eine ganz schlaue Mutter hat nach einem längeren Spaziergang Mias Körper- und Lautsignal enträtselt: *»Du meinst einen Vogel, nicht wahr?«*

Nun folgt der nächste Schritt. Mia kann sich jetzt richtig »erinnern«. Sie braucht gar keinen realen Vogel mehr für ihre Erinnerung. Nur manchmal helfen bestimmte flatternde Armbewegungen ihrem Erinnern nach, die sie nun mit noch unbeholfenen Sprachlauten verbindet. So wachsen nun Körpergefühl und sprachliches Erfassen der Welt zusammen. Wenn Mia ein paar Jahre später in der Schule Lesen und Schreiben lernt, dann ruft sie dabei immer auch unbewusst Körpergefühle auf, um die seltsamen Buchstaben und Schriftzeichen zu erfassen. Und wenn sie eine ganz kluge Lehrerin hat, dann werden die wichtigsten Worte und Wortbilder zugleich mit Körperbewegungen eingeübt – und mit viel Singen, aber das ist noch mal ein anderes Thema.

Das Ganze noch einmal etwas akademisch formuliert: Mia hat einen gewaltigen Schritt weg von der nur sinnlichen Wahrnehmung hin zum Denken – zum Sicherinnern, etwas Vorstellen, Wiedererkennen usw. – geleistet. Zugleich sind ihr bei den vielen imitierenden Armschlenkern und den vergeblichen »Tchilp-Versuchen« (und ihrem verärgerten Quietschen im Anschluss daran) auch der eigene Körper, die Ärmchen, die Muskeln, die Bewegungen, der Mund, die Stimme vertrauter geworden – anders vertraut jedenfalls, als wenn sie vor Freude über Mamas Fläschchen strampelt. Anhand der Dinge der Welt »bildet« sich ihr Körper in all seiner Beweglichkeit, seiner Vielfalt und der großen Plastizität seiner Empfindungen.

Sie hat sich vertraut gemacht mit dem Vogel, dabei Aufmerksamkeit und »Symbolbildung« gelernt, und sie wird, wie gesagt, auf dieser Wahrnehmungsspur weitermachen. Andere Gegenstände, lebendige und unlebendige, werden fortan ihre Aufmerksamkeit fesseln. Sie wird wie bei dem kleinen vorbeischwirrenden Tier zunächst ihren Körper als Erinnerungshilfe einsetzen, dann die Körperbewegungen reduzieren, auf ihre Gefühle und ihre Erinnerung achten. Kurzum, sie hat mit dem Vogel einen gewaltigen Schritt unternommen hin zu dem, was wir später anspruchsvoll »Reflexion« nennen. Mit dem Vogel ist ihr eine neue Dimension der Welterfahrung möglich geworden. Den hat sie sich schwer erarbeitet! Aber nun gelingt er wie von selbst. Schauen, Imitieren, Erinnern, in Gesten und Zeichen festhalten – das läuft jetzt wie an einer Schnur.

Mia hat dabei nicht nur geistig, sondern auch körperlich einen Schritt hin zu einem sozialen Wesen getan. Sie nimmt wahr, sie erinnert sich, sie »reflektiert«, und gleichzeitig werden ihre Sinne und ihr Verstand eingeübt in die Wahrnehmung der Welt. »Welt« ist aber ein großes Wort. Da gibt es noch vieles zu schauen und vor allem zu lernen, denn die vielen Dinge und Funktionen und die Menschen drum herum müssen ja alle noch »geordnet« werden. Dazu kommen wir im nächsten Kapitel. Mia ist auf dem besten Weg, ihre ganz eigenen *Arten der Zuwendung zur Welt*, ihre *»Eigenart«*, ihre *»Identität«* auszuprägen. Identität ist nämlich immer auch ein Sichanpassen an die Fülle der erlebten sinnlichen Welt, ist Nachahmung und Speichern von Nachahmung. Identität ist mit den Dingen vertraut werden und noch ein bisschen mehr. So werden Kinder klug und selbstbewusst.

Alles ist eine Einheit. Später sollten Kinder genauso einheitlich lernen. Es gibt keine Vorstellungskraft ohne Körperlichkeit. Es gibt kein Erinnern ohne die frohe Neugier auf ein Tier oder ein Spielzeug. Alles gehört zusammen.

Und noch etwas: Symbole verkürzen und reduzieren die komplizierte Welt. Sie machen sie verfügbar. Symbole schaffen Beständigkeit. Eine Armbewegung (»auf-ab-auf«) und Mia ist in ihrem Kopf wieder mittendrin in der Betrachtung des vorbeifliegenden Vogels. Das Vergangene findet sich im Gegenwärtigen wieder. Und die Gegenwart – wenn sie so sinnlich voll und »sinnvoll« ist – macht Lust auf Zukunft. Zwischen Vergangenheit, Gegenwart und Zukunft fließt jetzt eine »Kontinuität«, eine einheitliche Geschichte der Empfindungen und des Denkens. So entsteht ein stabiles Kinder-Ich, das Gefühle und Erinnerungen, Körperlichkeit und Denken, Träumereien und Hoffnungen in sich vereint. Schwierig? Nun ja, ganz einfach ist es nicht!

Mias Ball oder:
warum alles so kompliziert ist

Die kleine Mia ist jetzt vielleicht 7 oder 8 Monate alt. Sie kann sich also über ihre Bewegungen und Laute »erinnern«, beispielsweise an den Vogel, der vorbeiflog und ihre Aufmerksamkeit erregte und schließlich als »inneres Bild« gespeichert wurde.

In dieser Phase beginnt sie noch etwas zu lernen, das ist schon wieder schwierig. Sie lernt, dass die Sachen, die so herumstehen oder kullern oder gleiten oder fahren, eine bestimmte Ordnung haben. Von der weiß Mia natürlich noch nichts. Aber lernen muss sie sie trotzdem. Da ist zum Beispiel ein Ball. Er kann bunt oder weiß sein, weich oder hart, aus Plastik oder Leder, groß oder klein, also sehr verschiedenartig – und bleibt trotzdem immer ein »Ball«. Das ist wieder so etwas, das uns in unserem Erwachsenenverstand ganz selbstverständlich vorkommt. Ist es aber nicht.

Eigentlich ist ein Ding doch nur das, was es ist, was man sehen, berühren, tasten, umschmeißen oder sonst wie »wahrnehmen« kann. Nun zeigt sich, dass diese vielen vereinzelten Dinge in geheimnisvolle Zuordnungen eingewoben sind, die sich den Sinnen allein gar nicht erschließt. Ein Stuhl ist auch so eine merkwürdige Angelegenheit. Klein, groß, hart, weich – alles Mögliche kann ein Stuhl sein, und trotzdem heißt alles »Stuhl«. Das ist eine ganz unerhörte Begebenheit!

Ein Ding ist, was es ist – das ist die sinnliche Gewissheit. Aber sobald ein Kind anfängt, den Ball »Ball« zu nennen und den Stuhl »Stuhl« (»all« und »uhl« tun es vorübergehend auch), gehen die Dinge über die sinnliche Anschauung hinaus. Aber wohin? Solch ein Ball-Ding oder Stuhl-Ding oder Sonst-wie-Ding ist also mehr als nur das, was es ist? Das soll einer verstehen! Das Ding gehört nämlich zu einer Gruppe von anderen Dingen, so wie ein bestimmter Stuhl zur Gesamtheit aller Stühle gehört und die Stühle wiederum zur Gesamtheit aller Möbel usw. Es ist etwas wirklich Geheimnisvolles mit diesen Stufen hin zur Abstraktion. Unsere kleine Mia lernt deshalb auch mühsam und natürlich nur schrittweise.

Sie hat bereits verinnerlicht, dass ein Ball ein Ball ist. So weit ist das klar und einfach! Aber wir haben ja soeben gesehen, dass diese Aussage »ein Ball ist ein Ball« überhaupt nicht einfach ist. Übrigens hat zu Beginn der großen Literatur des 20. Jahrhunderts die amerikanisch-französische Autorin und Sprachphilosophin Gertrude Stein eben aus diesem Geheimnis der Abstraktion einen berühmten Satz geformt, er lautet: »Eine Rose ist eine Rose ist eine Rose.« Ich will diesen Aspekt nicht vertiefen, aber für die Bildungsbeflissenen unter den Lesern immerhin darauf hindeuten, dass wir uns hier im Innersten jener Fragen bewegen, die auch die Literaturgeschichte berühren und ihre klügsten Köpfe zu mächtigen Anstrengungen veranlasst haben (meist ohne durchschlagenden Erfolg, nebenbei bemerkt).

Einen Ball erkennt Mia. Sie hat ja gestern und vorgestern auch schon einen Ball vergnügt vor sich hergeschoben, hat ihn mit ihren Patschhänden angefasst. Sie hat sein Material gespürt und vor allem hat sie mit frohem Kindermut beobachtet, wie sie dieses kullernde Objekt direkt auf Papa zuschieben konnte, wie es dann einen ganz eigenen Schwung nahm und immer weiter kullerte, bis es von Papa aufgefangen wurde. Das hat Mia alles sehr gefallen.

Weil es ihr gefallen hat, deswegen erinnert sie sich. Erinnert sich eigentlich an alles: das Aussehen und die Berührung des Balles, die Hautempfindung und die Bewegung ihres eigenen kleinen Körpers. Alles ist in ihrem Kopf »gespeichert«. Nun sieht sie wieder einen Ball. Es ist aber ein anderer. Mia lernt also ziemlich verblüfft, dass ein Ball zwar ein Ball, aber eben nicht immer derselbe Ball ist. Das ist ein erster Schritt hin zur Abstraktion, ein Gedankensprung vom ganz konkreten Objekt hin zum allgemeineren Objekt.

Mia erkennt den Ball trotzdem als Ball, obwohl er anders aussieht als der Ball gestern. Wieso eigentlich? Sie erkennt aus ihrem »Handlungswissen« (also der Erinnerung an ihre Bewegungen, Berührungen usw.) sofort, dass man auch diesen Ball offenbar kullern lassen kann. Das tut sie. Sie hat zum einen in ihrem kleinen Kopf gespeichert, wie sie da ganz konkret und vergnügt das runde Ding herumkullern ließ, und jetzt versteht sie noch etwas dazu: Sie lernt nämlich – nun wird's wieder etwas schwieriger –, die sinnliche Ähnlichkeit oder Gleichförmigkeit eines Objekts (oder Dings) mit seiner Funktion zu verbinden. Klingt kompliziert, lässt sich aber auch einfacher formulieren: Ein Ball ist rund und man kann ihn kullern, also ist er ein Ball, sagt sich Mia.

Sie schließt von der Funktion (kullert) zurück auf ihren Sinneseindruck (rund, beweglich) und von den Sinnesdaten auf ihr gespeichertes Handlungswissen (den hab ich ganz persönlich kullern lassen, es war großartig!) und alles zusammen ergibt das innere Bild des Balles. Ball ist alles, was rund ist, sich weich anfühlt und von Mia gekullert werden kann. So sieht's aus. Allmählich ordnet sich die Welt in Mias Kopf. Sie erkennt – anspruchsvoller formuliert – erste Abstraktionen und formale Gliederungen der Objektwelt.

Der Ball kullert, wunderbar. Mia hat mit ihm genauso viel Spaß wie mit dem Ball von gestern. Darauf reagiert sie, so wie diese ewig Glück suchenden und schlauen Kinder eben reagieren. Sie sammelt ihre ganze Konzentration, sie erinnert sich, bemüht ihr Gedächtnis – und weil sie sich so gut erinnern kann (warum? weil sie Spaß hatte) –, deshalb weiß sie jetzt auch, dass dies ein Ball und dass seine Funktion ein Kullern ist. Das probiert sie gleich mal aus und stellt zufrieden fest, dass ihre Vermutung zutrifft. Der Ball rollt und kullert wirklich los, wieder zu Papa oder Mama, genau so, wie es der andere, der gestrige Ball auch getan hatte.

Das tolle Geheimnis ist für Mia weitgehend geklärt: Gewiss, es ist ja gar nicht derselbe Ball, es ist ein anderer. Er hat eine andere Farbe, eine andere Größe, aber er ist rund, er ist weich, und wenn Mia ihn mit ihren gelernten Bewegungen zu Papa herüberschiebt, dann kullert das Ding. Es muss sich also um einen »Ball« handeln. Haben wir das richtig und genau verstanden? Mia begreift den Ball als »Ball« durch ihre sinnlichen Eindrücke, die sie mit ihrem Handlungswissen verbindet und die wiederum das Sinnliche auf eine höhere Stufe von Verallgemeinerung hebt. Tut mir leid, ich habe die Schöpfung nicht erfunden: Einfacher lässt sich dieses Lernen nicht erklären!

Nun kommt noch etwas hinzu, etwas sehr Wichtiges. Mia ist entzückt. Wir können im Nachhinein gar nicht sagen, ob sie über ihre Klugheit oder über das Spiel mit dem Ball entzückt ist. Beides wahrscheinlich. Was bin ich für ein schlaues Kind, wenn ich diesen Ball jetzt, genauso wie den von gestern, vor mir herschiebe und zu Papa hinkullern lasse. Und zwar haarscharf, haargenau, ganz exakt hin zu Papa.

Das ist alles in ihrem Kopf gespeichert – und zwar ganz sicher. Warum? Nun, weil sie großen Spaß dabei hatte. Hätte sie weniger oder keinen Spaß gehabt, säße die kleine Mia jetzt völlig verständnislos vor dem armen Ball und hätte keine Ahnung, was sie mit ihm anfangen sollte. Aber sie hatte Spaß, viel Spaß sogar, und diese Freude ist mit der Beschaffenheit des Balles sozusagen in ihre Fingerspitzen und ihre Aufmerksamkeit eingeschrieben. Nun will sie das schöne Gefühl wieder haben und wiederholt alle Handlungsvollzüge auch an dem »anderen« Ball. Die Gesamtheit der seelischen und körperlichen Vorgänge zusammen mit der materiellen Beschaffenheit des Ball-Dings ergeben den sinnlich-körperlich-geistigen Schritt, den Mia soeben erfolgreich geleistet hat: Ein Ball ist ein Ball.

Ist das alles? Bei weitem nicht!

Mia hat sich auf die neue Form des »anderen« Balles eingestellt, aber mit ihm musste sie auch den Abstand von sich zu Papa ganz neu einschätzen (darüber mehr im nächsten Kapitel). Dieser neue Ball ist ja weicher oder größer oder leichter als der erste. Sie muss also ihre unmittelbaren Wahrnehmungen an diesem neuen Ball sogleich mit ihrem »Handlungswissen« verknüpfen, um den Abstraktionsschritt hin zu »ein Ball ist ein Ball ist ein Ball« erfolgreich abschließen zu können. So ist das, so bewegt sich die Intelligenz der Kinder. Wer es einfacher haben will, muss sich von Kindern ab- und Maschinen zuwenden.

Dieser Ball kullert, insofern ist er so wie der von gestern. Aber er kullert anders. Mia versucht es. Es ist für sie ein gewaltiges Abenteuer, das kann keiner bestreiten. Und das Wunder geschieht: Der andere Ball kullert genau so haarscharf auf Papa zu wie der erste. Mia handelt jetzt also, wiederum theoretisch gesprochen, anhand ihrer sinnlichen Erfahrungen und ebenso ihres Handlungs- und Körperwissens auf dem Niveau eines gewissen Abstraktionsgrades. Zusammengefasst, in einer paradoxen Formulierung, lautet Mias Erkenntnis so: Ein Ball ist wie ein anderer Ball, nur anders.

Natürlich spricht oder plappert sie dabei: »Lall« oder wie auch immer. Die ganze Kompliziertheit ihrer allerersten Abstraktionsleistungen findet sich nun in ihrem Sprechen wieder. »All« oder »Lall« ist jetzt tatsächlich nicht nur dieser besondere einzelne Ball, sondern sind alle Bälle. Damit sind wir einem weiteren Geheimnis auf der Spur, nämlich dem der Sprache, die die Dinge konkret benennt und trotzdem immer auf etwas Allgemeines zielt. Darauf komme ich im übernächsten Kapitel zu sprechen.

Mia also ist entzückt, vor allem von sich selber. So viel Anstrengung muss ja belohnt werden, und die schönste Belohnung ist Freude. Erstens hat sie viel verstanden (fast zu viel für ihren kleinen Kopf) und zweitens hat sie den Ball exakt so bewegt, wie sie ihn bewegen wollte. Alles ist ihr hervorragend gelungen. Funktionsstolz, kann man psychologisch sagen, klingt aber nicht gut. Jedenfalls nicht, wenn man sich Mias breit strahlendes Gesicht und ihre weit aufgerissenen Augen – »der kullert genau so, wie ich wollte« – vor sich sieht. So ein Kindergesicht glüht vor lauter beglücktem Selbstgefühl. Da ist das Wort Funktion schon sehr allgemein. Stolz hingegen trifft's wieder!

Irgendwann, wenn sie einmal groß ist, wird sich die dann nicht mehr kleine Mia in kummervollen Stunden just an diesen Stolz und dieses Strahlen erinnern – nicht bewusst, unbewusst, solche Erinnerungsgefühle aus der Kindheit steigen in uns allen hoch, wenn wir sie am dringendsten benötigen. Sagen wir Mia hat eine Prüfung »verhauen« und überlegt soeben, ob sie in eine tiefe Depression versinken soll, dann – und zwar exakt in diesem Moment – tritt, seelisch gesprochen, der frühkindliche »Funktionsstolz« auf den Plan und ermutigt sie, einfach einen zweiten Anlauf zu nehmen. Ihr Stolz sagt ihr nämlich aus der Mitte ihrer Kindergefühle heraus: Ich bin trotzdem schlau, mit oder ohne bestandenem Referat oder Prüfung. Ich weiß ganz genau, wie schlau ich bin. Es ist ein fast körperliches Wissen, eine enorme Gewissheit. Solche Gewissheiten entspringen immer nur der ungewussten, aber präsenten frühen Kindheit. Ohne sie kämen wir alle nicht zurecht, seelisch nicht und körperlich vermutlich auch nicht. Ja, wir sind die Gefangenen unserer Biographie, im Guten und im Bösen, im Stärkenden und Schwächenden, von Anfang an.

Alles hat ein Ende,
nur die Wurst hat zwei:
die Objektpermanenz
des Herrn Piaget

Mit dieser albernen Kapitelüberschrift arbeite ich mich behutsam an eines der großen Rätsel der menschlichen Entwicklung heran. »Objektpermanenz« nennt es Jean Piaget, der berühmteste aller Entwicklungspsychologen. Andere sprechen von Objektkonstanz. Aber wissen die wirklich, wovon sie reden? Diese Entwicklungspsychologen und -forscher reden von der kindlichen Psyche wie von der unbeseelten Natur. Aber was sie da messen und beobachten und in exakte Formeln hineinzwängen, birgt ein Geheimnis. Diesem Geheimnis müssen wir auf die Spur kommen, wenn wir die kindliche Seele verstehen wollen. Eben dies ist das Defizit der empirischen Forschung, die viele nützliche Informationen zur Verfügung stellt und vor der Sinnfrage stumm bleibt – und sie oft genug als zweitrangig erachtet. Sie lässt für Geheimnisse keinen Raum, sie will alles erfassen, wie ein totalitärer Herrscher. Aber das kann ja gar nicht gelingen.

Objektpermanenz, das ist ein gewaltiger Vorgang. Er erschüttert die Seele, und sie wird ein Leben lang nicht wieder ganz ruhig. So tief geht das! Was ist also gemeint? Ein Kind wächst auf, wie ich es beschrieben habe, in der Umhüllung des Mütterlichen, im Austausch mit Mama und Papa und anderen Bezugspersonen, einer liebevollen Tante oder einer noch liebevolleren Großmama. Ein Kind ruft nach Nahrung, wenn es Hunger spürt und wenn die Nahrung nicht schnell genug kommt, dann fängt es an zu schreien. Irgendwann gibt Mama dann schon nach, irgendwann fügt sich die Umwelt dem kindlichen Begehren, irgendwann tritt die Stillung und Nährung ein. Und so geht es über Wochen und Monate. So muss es auch sein. Ein Kind muss aufwachsen in diesem tiefen Vertrauen, dass die Umwelt ihm wohlgesonnen ist, Mama und Papa allen voran. Aber dann wirkt irgendetwas in diesem Kleinen, wie Freud sagte ein »faustisches Drängen«. Dann will es weg von Mamas Schoß und von Mamas Brust, Haut und Geruch. Will sogar weg aus Papas Geborgenheit und Schutz. Es will sich ganz allein aufmachen und die Welt erkunden. Sie ist ja so verlockend! Überall stehen Dinge herum. Die sind bunt und lebendig, beweglich und machen Geräusche.

Überall steht etwas herum!

Ist nicht das Gedächtnis unabtrennbar von der Liebe,
die bewahren will?

THEODOR W. ADORNO

So robbt es also los, unser Kleines. In diesem Buch habe ich sie Mia genannt, es könnte aber genauso gut Mio oder Michael sein. In diesem Lebensalter spielt Geschlechtlichkeit eine sehr untergeordnete Rolle. Sie krabbelt also energisch los – bleiben wir bei Mia! –, und zwar auf allen vieren, spürt die Härte des Bodens, auf dem sie sich entlang bewegt, und nimmt mit allen Fasern ihrer unfertigen Muskeln und ihres Nervensystems und mit allen Sinnen jede Unebenheit, jeden Riss in dem Fußboden auf. Sie macht die Erfahrung, dass sie sich zwar auf festem Boden bewegt, aber dass der nicht glatt und gleichförmig ist, sondern gewölbt, rissig, different. Unser Mia-Kind lernt die Welt kennen.

Sie patscht an die Wand, oh, die ist aber hart. Vielleicht verzieht die Kleine für einen Moment das Gesicht, die Wand hat der Hand weh getan. Jetzt haut sie voller Zorn gegen das blöde Gemäuer, um ihm den Schmerz zurückzugeben. Aber die Wand rührt und regt sich nicht. Eine Unverschämtheit! Eigentlich unerhört!

Das Kind hat so etwas noch nie gesehen und hätte es sich in seinen bösesten Träumen nicht vorstellen können. Da ist etwas, man knallt dagegen und da kann man sich nicht einmal zur Wehr setzen. Die kleine Mia macht also die bestürzende Erfahrung, dass sie zugleich mit diesem frohgemuten Aufbruch in die erweiterte Umwelt fortwährend an Grenzen stößt.

An allen Ecken und Enden sind Grenzen, die Wand ist nur ein Beispiel dafür. Sie tut einem weh und dann darf man nicht einmal zurückschlagen, sonst tut sie nämlich noch mal weh. Die Dinge sind starr und stumm, stehen einfach im Zimmer rum, wie beispielsweise dieser Stuhl, gegen den Mia jetzt gerade beim eiligen Robben mit dem Kopf gestoßen ist: »Blöder Stuhl!« Aber den Stuhl beeindruckt Mias Wutgekreisch nicht. Er bleibt einfach stehen. Wahrscheinlich handelt es sich um den dämlichsten Stuhl, der jemals in irgendein Zimmer gestellt wurde.

Denken kann Mia ihre Gefühle natürlich nicht, sie hat ja noch keine Sprache. Dass ein Stuhl ein Stuhl ist, muss sie erst noch lernen. Und dass eine Wand eine Wand ist, davon hat sie auch noch keine Ahnung. Deswegen ist es für ein Kind ihres Alters so schwer auseinanderzuhalten, welche Dinge leben und welche nicht. Die Wand lebt nicht, da kann man draufhauen und patschen so viel man will. Der Wand ist das egal. Der Stuhl lebt auch nicht, obwohl er sich bewegt, wenn man dagegen rammt. Äußerst verwirrend sind diese Zusammenhänge.

In der Wahrnehmung der Kleinen gehen die Dinge leicht durcheinander, vor allem Realität und Fantasie. Der Stuhl hat sich bewegt, leben tut er aber nicht, jedenfalls nicht so wie die Katze und der Hamster oder Papa und Mama. Aber irgendwie wirkt er doch lebendig. Gefühle richten sich auf ihn. Man ist wütend über diesen Stuhl oder man ist erschrocken, weil er so merkwürdig im Zimmer steht. Insgeheim weiß das Kind, dass der Stuhl nicht lebt, weiß es aber nicht ganz genau. So verlässlich ist die Welt noch nicht gegliedert. Der Stuhl kann also in kindlichen Träumen wie etwas Lebendiges erscheinen, in den Ängsten erst recht. Und derselbe Stuhl kann wie ein wohlwollender Helfer in der Not wirken, beispielsweise, wenn man sich an ihm festhält – das gibt es auch.

Das Denken eines Kindes ist magisch. Es belebt die Dinge mit seinen Fantasien, und die toten Sachen erwachen zu einem imaginären Leben. Und manchmal ist einem Kind nicht ganz klar, dass lebendige Wesen, der Nachbarhund beispielsweise, nicht so unempfindlich sind wie die Wand und der Stuhl. Wenn es beispielsweise mit der Hand gegen den Kopf des Hundes patscht, dann lässt er ein missmutiges Grummeln vernehmen, und wenn man dann an seinen Ohren zieht, weil man sich an diesen Langhaarohren so wunderbar festhalten kann, dann kann es passieren, dass der Hund laut knurrt. Dann ist das Kind erschrocken und schreit.

Überhaupt schreien die Kleinen häufig, und das soll man ernst nehmen! Es ist ganz falsch, achselzuckend neben den Kindern zu stehen und zu denken: Nun ja, so ist es eben. Kleinkinder schreien schon mal und dann sind sie wieder vergnügt. Das mag schon stimmen, ist aber nur eine ganz oberflächliche Betrachtung. Jedes Schreien drückt Erschrecken aus, jeder Unmut Angst, jedes Jubeln und jede kindliche Freude ist dazu geeignet, Ängste zu überdecken und im Innersten der Seele versinken zu lassen. Das ist alles enorm kompliziert. Und damit kommen wir zur »Objektpermanenz« zurück.

Sie ist ein noch viel größeres Geheimnis als die Unterscheidung zwischen lebendig und unlebendig, zwischen real und fantastisch. Unser Mia-Kind muss nämlich erkennen, dass die Dinge, der Stuhl, der Schrank, die Großmutter und der Nachbarjunge – also alle Sachen und Menschen auf der ganzen Welt – auch dann noch existieren, wenn unser Kleines sie gar nicht sieht. Das ist eine wahnwitzige Entdeckung! In dem Kapitel über Sprachentwicklung wird dieser Gedanken entscheidend weitergeführt, siehe Seite 91.

Es ist auch eine erschreckende Entdeckung. Mia dachte immer, Mama ist die Welt und Papa auch ein bisschen:

»Sie umhüllt mich und dreht sich um mich und ich bin im Zentrum, ganz gesichert und manchmal unglücklich, dann schreie ich und dann bin ich wieder froh.«

Die Sehnsucht, dass die Welt sich um uns dreht, verlässt uns ein Leben lang nicht. In allen großen Religionen taucht sie auf. Von »Unio Mystica« schrieben die christlichen Mystiker vor einem Jahrtausend, vergessene großartige Texte. Alles ist eins, die Dinge sind eine Einheit, nur scheinbar voneinander geschieden. Alles fließt ineinander, alles verwebt sich und steht in engsten Bezügen, das ist eine großartige, eine mystische Welterfahrung. Die moderne Physik verrät uns seit einem Jahrhundert, dass diese Erfahrung naturwissenschaftlichen Erkenntnissen entspricht.

Aber für ein Kind sieht noch alles ganz anders aus. Nirgends ein Schimmer von »Einheit« und Geborgenheit, stattdessen stehen lauter Objekte unverständlich herum und selber erfährt es sich auch nur als ein Objekt neben anderen, ein Körper neben anderen Körpern. Damit hat ein Kind nicht gerechnet: Es ist nicht in einer »einigen Welt« angekommen, sondern in einer hundert- und tausendfach gespaltenen und zerrissenen. Alles existiert, aber es bewegt sich nicht sichernd um sein kleines Dasein, sondern ist einfach nur da. Mia stürzt wie jedes Kind ihres Alters geradezu aus allen Seins-Gewissheiten heraus. Nein, die Dinge der Welt bewegen sich nicht rings um mich, ich bin nicht verlässlich im Zentrum verankert. Die Dinge haben vielmehr ihre eigene Ordnung und eine eigene Existenz.

Zu allem Überfluss sind sie auch noch so geordnet, dass sich zwischen den Weltobjekten eine unendliche Kompliziertheit von Beziehungen, Funktionen und Zwischenräumen ergibt. Abstände, Distanzen, Perspektiven, Drinnen und Draußen, Oben und Unten – alles muss gelernt werden. Es wird auch gelernt, aber in einer sehr verwirrten seelischen Verfassung.

Diese Verwirrung rührt von der Erkenntnis her, dass die Dinge auch dann da sind, wenn man sie nicht sieht. Die Dinge sind an sich. Was für eine bestürzende Entdeckung! Denn nun ist ja auch klar, dass der Schrank im Nebenzimmer auch dann »existiert«, wenn unsere Mia gar nicht anwesend ist. Die Dinge sind überhaupt auch dann da, wenn wir nicht da sind, und sie werden auch dann noch da sein, wenn es uns nicht mehr gibt. Gott sei Dank können Kinder solche Gedanken nicht einmal ahnen, und das ist auch gut so! Die Dinge sind mächtig, sie überragen die kleinkindhafte Körperlichkeit und das geistige Vermögen. Und sie müssen in ihrer Eigentümlichkeit und ihren Ordnungen erfasst und begriffen werden. Das ist viel schwieriger als das Grabschen und Greifen in den ersten Monaten. Jetzt beginnt für Kinder wie Mia ein großer geistig-seelischer Entwicklungsabschnitt: Sie erwerben mit der Einsicht in die Eigenart und Autonomie der Dinge die Fähigkeit, die Welt zu »ordnen« und sie geordnet, also in ihrer eigentümlichen Fügung und ihrem Zusammenhalt, zu begreifen.

Schwierig ist das! Der kleine Abenteuer suchende Körper scheitert wieder und wieder an der Widerständigkeit der Welt, und genau dies zwingt ihn dazu, die Welt in ihren zeitlichen, räumlichen Ordnungen, in Distanz und Perspektive, in der Unterscheidung von Fantastischem und Realem aufzunehmen.

Wie muss man sich das konkret vorstellen? Dreimal robbt die kleine Mia nach vorn, und dann stößt sie an einen Stuhl. Pardauz, tut das weh! Nicht sehr, aber man muss als Kleinkind doch gehörig nachdenken, ob es sich lohnt, ein gründliches Geschrei zu erheben oder den Stuhl, von dessen unverschämter Präsenz ja schon die Rede war, einfach zu ignorieren. Mia lernt, was drei Schritte (oder drei Krabbelbewegungen) sind, erfährt Distanzen, Abstände, Entfernungen. Ihr Körper lernt, manchmal schmerzlich, sich

Distanzen einzuprägen und sich an sie zu erinnern. Sonst würde Mia alle drei Minuten mit ihrem Köpfchen an den Stuhl stoßen. Jetzt hat sie das aber schon gelernt und hält nach kurzem Herumrobben inne. Stop, nicht weiter – da kommt der Stuhl!

Vermutlich gibt es keinen geistigen Vorgang im menschlichen Leben, bei dem sich diese Komplexität je wiederholt. Was für ein Mirakel das ist! Und was für eine Verstörung! Die kleine Welt ist buchstäblich »gestört« sie ist aus dem Lot. Denn das Lot hatte sein Maß darin, dass dieses kleine Wesen sich selbst im Zentrum, in der umhüllten Mitte von allem und jedem empfand. Und nun ist alles anders. Wenn der Schrank im Nebenzimmer auch dann noch da ist, wenn das Kleine ihn gar nicht sieht, dann heißt es ja auch umgekehrt: Ich, das Kind, bin noch da, wenn Mama oder Papa weg sind.

Diese Erfahrung hat es natürlich schon viele Male erlebt, aber jetzt wird sie bewusst. Mama sieht mich gar nicht, und trotzdem bin ich da. Das erinnert doch sehr an ein verzweifeltes Alleinsein. Ich kann ganz allein sein, ganz einsam, auch das gehört in die Ordnung der Welt. Das ist eine komische Welt, ich weiß nicht, ob sie mir gefällt.

Machen wir uns diese komplexe Seelenlage an einem Beispiel deutlich. Wir alle kennen aus einer gelegentlich aufschimmernden Todesfurcht den bedrückenden Gedanken: Wie grauenhaft, die Welt wird weiter existieren, wenn es uns nicht mehr gibt. Versuchen Sie einmal, diesen Gedanken ganz zu Ende zu fühlen (nicht zu denken, zu fühlen!) – das können Sie nicht! Denn in der Mitte unseres Selbstempfindens herrscht immer noch das Weltgefühl des Kleinkindes: »Ich bin die Mitte der Welt«. Begreifen wir, wie viel Liebe und Geborgenheit es braucht, um dieses Gefühl aufzugeben und nicht zu verzweifeln?

Das ist es also, was Piaget mit Objektpermanenz meint. Sie sehen schon, ein äußerst dürftiger Begriff für eine existenzielle Krise. Mia muss jetzt lernen, diese Welt zu »bewältigen«, indem sie sie verändert, aber immer entlang ihrer materiellen dinghaften Eigenarten und Zusammenhänge. Sonst geht es ihr wie mit dem Stuhl. Pardauz, das tut weh! Sie muss den Objekten und ihren Funktionen nachspüren, sie wird immer geschickter dabei. Indem sie genau dies tut, spielend und schuftend, Bauklötze stapelnd und auf Papier kraxelnd, beginnt sie sich mit der Fremdheit und Eigenart der Welt zu versöhnen. So erwerben Kinder Intelligenz, genauer gesagt »funktionale Intelligenz«. Wie das konkret aussieht, schauen wir uns im nächsten Kapitel an. Mia hat ja Gott sei Dank mächtige Vertraute, Papa zum Beispiel.

Nein, man benötigt nicht übermäßig viel geistige Anstrengung, um zu begreifen, dass diese scheinbar so abstrakten Fähigkeiten, die sich Mia und all die anderen jetzt aneignen, immens viel damit zu tun haben, dass sie »die Welt« zuvor schon unzählige Male liebevoll betastet haben, dass ihr »Körper schon vieles weiß«, was der kleine Kopf jetzt erst lernt. Auf der Basis des Körperwissens, das wiederum ohne Bindungsgewissheit nicht denkbar ist, erwächst die Begabung zur Intelligenz, zur Geschicklichkeit, zur kreativen Anpassung.

Die zweite »Versöhnung« ist die Sprache. Der Laut, aus dem Inneren des Körpers hervorgerufen, verbindet sich, nein vermengt sich mit dem Gegenstand. Laut und Gegenstand sind über weite Strecken eines, beinahe eines. Wenn wir ein Wort hören – beispielsweise Stuhl oder Ball –, dann steigt sofort das Bild eines Stuhles oder eines Balls in uns auf. Ball allerdings, das haben wir in einem der vorigen Kapitel gesehen, ist selber schon eine hochabstrakte Bezeichnung. Damit sind viele ganz konkrete Bälle gemeint, große und bunte, farbige und kaputte. Was ist überhaupt ein Ball?

Ich möchte an dieser Stelle nur deutlich machen, dass ein Kind unerhört viele Stufen von Erfahrung – Fantasien, Gehorsam und Wut – erklommen haben muss, bevor es die einfachsten Ordnungen der Welt verstanden hat. Bevor es begriffen hat, was Zeit und Raum ist, wie Sprache und Objekte zueinander in Verbindung stehen usw. Und mit jedem dieser Erkenntnis- und Entwicklungsschritte verändert sich zugleich die innige Bindung zu Mama und Papa. In jedem Entwicklungsschritt formt sich das Mütterliche und das Väterliche im Bewusstsein des Kindes neu.

Großvaters Wunderauto

Ein Kind von etwa eineinhalb Jahren krabbelt über den Fußboden, versuchsweise wackelt es auch schon auf unsicheren Beinchen durch die Wohnung, fällt aber immer wieder hin, mal kläglich brüllend, mal vergnügt gackernd – je nach Laune. Bei seiner tagtäglichen Erkundung der elterlichen Wohnung nimmt es fortwährend wunderbare Objekte wahr. »Wunderbar« darf man wörtlich nehmen. Jedes neue Objekt, das es zu ertasten und zu begreifen beginnt, ist wie ein kleines Wunder. Es stößt dem Kind so zu, wie auch uns in unserer Welt voller Regeln ein Wunder zustoßen würde. Etwas absolut Neues, etwas erstaunlich unglaublich Eigenartiges, von dem man vorher überhaupt keine Ahnung hatte!

So trifft ein Zweijähriges beispielsweise auf ein Kissen, das sich in runder Form präsentiert und einem großen Ball ähnlich sieht. Ein Wunder, was denn sonst? Eine Gabel kann auch ein Wunder sein, die vielleicht versehentlich auf den Boden gefallen war und vergessen wurde. Ein Spielzeug, ein Playmobil beispielsweise, ist sowieso immer ein Wunder. Das erklärt auch, warum Kinder bei kleinsten Geschenken in ein unendlich beglücktes Strahlen verfallen. Es hat sich ein Wunder ereignet, die Hirten auf dem Feld, denen der Engel erschienen war, konnten nicht verblüffter sein als ein Kind, dem plötzlich ein Modellauto entgegenrollt. Damit sind wir bei Johannes und seinem Großpapa.

Gerade widerfährt dem Kleinen mit seinen nicht einmal zwei Jahren ein solches Wunder – ein Modellauto. Es kommt plötzlich herangerollt, wie von einer unsichtbaren überirdischen Hand gelenkt. Nun, ganz überirdisch ist die

Hand nicht, die das kleine Fahrzeug in Gang gesetzt hat. Vielmehr ist es von Johannes' liebevollem Großvater angeschoben worden und rollt nun auf den Enkelsohn zu. Johannes ist in jedem Fall restlos von den Socken. So etwas hat er überhaupt noch nie gesehen! Vielleicht hat er vom Kinderwagen aus einmal Autos gesehen, die bei einer ziemlich unruhigen Spazierfahrt mit Mama rechts und links vorbeisausten. Die aber viel zu schnell waren, als dass der kleine Johannes sie genauer wahrnehmen konnte. Sie jagten einfach nur vorbei. Dieses Auto ist anders. Man kann es sofort in seiner Gänze erfassen.

Johannes, der – weil er fast zwei Jahre alt ist – das Begreifen liebt, erkennt sofort, dass es rollt. Und wenn er genauer hinschaut, merkt er, dass es auf seinen Rädern rollt. Vier Räder sind es, aber das weiß Johannes noch nicht. Er kann ja noch nicht zählen (verfügt aber mit seinen knapp zwei Jahren über ein begrenztes Verständnis von Zahleinheiten, doch das ist ein anderes Thema). Groß ist es nicht, das Auto, auch nicht laut. Es surrt nur leise vor sich hin. Angst muss er vor ihm nicht haben. Das ist im Übrigen immer die wichtigste Voraussetzung dafür, dass ein Kind etwas erkennt: Freiheit von Angst. Dazu fix eine eingeschobene Anmerkung: Die Welt ängstigt kleine Kinder an allen Ecken und Enden. Deshalb müssen Eltern, die die Intelligenz ihres Kindes ernsthaft fördern möchten, vor allem eines tun: sie vor dieser stets präsenten Angst beschützen.

Da ich nun eh schon fortwährend abschweife, füge ich Folgendes hinzu: Ich hoffe sehr, dass ich religiösen Menschen nicht zu nahe trete, wenn ich feststelle, dass unser Glaube an Wunder aus dieser frühen Kindheitsphase stammt. Aus jener schönen Lebensphase also, in der alles, was passierte, noch den Glanz des Wunderbaren hatte. Der nistet wie eine Sehnsucht in unserer Seele: Ach, wenn die Welt doch noch einmal so verzaubert und so unbekannt wäre wie zu jener Kinderzeit, als zu jeder Sekunde das Wunderbare eintreten konnte! In unserem erwachsenen Wunderglauben schwingt diese Sehnsucht nach. Wir müssen gar nicht gläubig sein, um sie zu empfinden.

Die ganz und gar verlässliche, ganz und gar geregelte, ganz und gar begriffene Welt ist immer ein wenig ermüdend und langweilig. Ihr fehlt ein besonderer Schimmer, ein Glanz. Wir haben, erwachsen geworden, nur noch sehr wenige Möglichkeiten, ihr diesen Schimmer zu verleihen. Aber immerhin über diese eine, die schönste Möglichkeit verfügen wir: nämlich Liebe zu geben, und die allerschönste ist unsere Liebe zu den Kindern – aber ich schweife schon wieder ab.

Hinter dem heransausenden Modellauto, das soeben auf Johannes zusaust, taucht nun die Gestalt von Großpapa auf, freudig lächelnd, denn Väter, Großväter und Großmütter haben einen Heidenspaß daran, kleine Kinder zu überraschen. Das liegt einfach daran, dass die Kinder, wie erwähnt, bei wunderbaren Vorgängen ein vorbehaltloses Strahlen erkennen lassen. In solchen ungehemmten Emotionen »spiegeln« wir uns gern. Ein Stückchen Beglückung fällt dabei auch für uns ab. Wie auch immer, jedenfalls freut sich der Großvater über das Modellauto, das er mit vergnügtem Herzen für Johannes gekauft hat, und lächelt jetzt über den Kleinen, der begeistert in die Hände klatscht.

Allerdings kann es auch passieren, dass Johannes für einen winzigen Moment erschrocken ist und zurückweicht. Was ist das denn? Das rollt ja direkt auf mich zu! Aber spätestens, wenn er den geliebten Großvater hinter dem Auto erkennt, verfällt er wieder in das beschriebene Strahlen. Jede Kinderangst wird beschwichtigt, wenn ein geliebter Erwachsener das Vertrauen in die Welt wiederherstellt.

Nun kann sich der kleine Johannes also ganz ohne Ablenkung durch Ängste dem Modellauto zuwenden. Ganz nebenbei lernt er übrigens dabei, »Aufmerksamkeit« zu entwickeln. Ganz und gar ungeteilt ist seine Konzentration auf das kleine Auto, nachdem er sich mit einem Blick auf Großvater der Geborgenheit seiner Kinderwelt vergewissert hat. Johannes fingert an dem Auto herum, ein bisschen unbeholfen, denn es ist gegen seine Beine gefahren und rumort nun leise vor sich hin, bewegt sich aber nicht. Johannes ist immer noch begeistert, aber nun doch ein bisschen verunsichert. Warum rollt das blöde Ding nicht weiter?

Er hebt es auf. Da fangen die Räder an, sich wie irre zu drehen. Johannes grübelt und kommt dabei zu einem höchst klugen Ergebnis. Er stellt das Auto wieder auf den Boden, wo es sich nun wieder in beeindruckender Geschwindigkeit in Bewegung setzt.

Allerdings bewegt sich das Wunderauto nicht zu ihm hin, wie sich das gehört, sondern von ihm weg, was eine ziemliche Gemeinheit ist. Am liebsten würde der kleine Johannes jetzt wütend losbrüllen. Vor lauter Wut hätte er seine »Aufmerksamkeit« fast ganz und gar vergessen. Aber der Großvater ist ja auch noch da. Der hat das Auto aufgefangen, umgedreht und lässt es nun zu Johannes zurückrollen.

Nun passieren, wie bei Kindern immer, mehrere seelische und körperliche Dinge gleichzeitig. Aha, denkt Johannes, so macht man das also. Man stellt dieses Auto in eine andere Richtung, und zwar, wenn Johannes genau hinschaut, mit dem Kühler nach vorn und lässt es losfahren. Das ist das Erste.

Das Zweite: Johannes schaut auf Großvater und stellt verwundert fest, dass Großvater gar nicht herumbrüllt und auch keine Anzeichen von Enttäuschung erkennen lässt, obwohl das Auto sich ja von ihm genau so wie vorher von Johannes weg- und nicht zu ihm hinbewegt. Dem Großvater ist das egal. Er strahlt immer noch. Die Welt ist voller Überraschungen! Die Dinge machen auch dann Spaß, wenn man sie gar nicht betatschen, in die Hand und in Besitz nehmen kann, sondern wenn man sie loslässt und zu einem Spielkameraden herübersausen lässt.

Damit Johannes dieses schwierige Gefühl auf die Reihe bekommt, muss er freilich erst in das Gesicht von Großvater geschaut haben, um dort das zufriedene Schmunzeln abzulesen, das seinen mühsamen Erkenntnisvorgang einleitet und begleitet. Nun hat er's kapiert. Spaß ist nicht nur »ich-meines-grabsch-grabsch«, man hat genauso viel Spaß, wenn man das Spielzeug loslässt und auf einen Spielkameraden zurollen lässt. (Muss einem ja gesagt werden. Ein Kind weiß auch nicht alles!)

Freilich muss ich an dieser Stelle zum wiederholten Male auf eine wichtige Erziehungswahrheit hinweisen: Johannes lernt sein »soziales Gefühl« im Wesentlichen dadurch, dass der Großvater ein geliebter Großvater ist. Wäre Großvater ein gefürchteter Großvater, hätte Johannes gar nichts gelernt, außer Angst und Unsicherheit und das ewig beklommene Gefühl, dass man nie weiß, was richtig und was falsch ist. Wird die »Welt« über die Bindung an einen geliebten Erwachsenen wahrgenommen, dann prägt sich nicht nur ein Gefühl großer kindlicher Sicherheit ein, sondern ebenso ein stabiles moralisches Empfinden, ein klares Gefühl für das, was in der Kommunikation »falsch« und was »richtig« ist.

Das Auto saust also wieder auf Johannes zu, das ist eine Bewegung, die er jetzt schon kennt. Er schaut ein bisschen genauer hin, das Wunderbare ist dabei ein wenig zurückgetreten und ein »Begreifen der Funktionen« ist an seine Stelle gerückt. Nun ja, »Begreifen der Funktion« klingt ziemlich abstrakt. Machen wir es konkreter. Johannes ist über die Gesamterscheinung des Modellautos nicht mehr nur völlig verwundert (und entzückt), sondern erkennt beispielsweise jetzt den Bewegungsablauf der Räder. Wenn er ein sehr schlauer Johannes ist, dann fällt ihm vielleicht sogar auf, dass die Räder das Gerät als Ganzes vorwärts bewegen. Sie bewirken etwas mit ihrem Drehen, sie treiben das Auto voran, sie haben eine Funktion. Erneut eine verblüffende Einsicht.

Also schaut Johannes noch einmal zum Großvater herüber und vergewissert sich, ob seine Wahrnehmung auch zutrifft. Großvater schmunzelt noch immer, er hat ja keine Ahnung, was in Johannes' kleinem Kopf vorgeht. Das wiederum weiß Johannes nicht. Er geht davon aus, dass Großvater seine Entdeckung – die Räder bewegen das Auto – mit seinem Schmunzeln oder Kopfnicken soeben bestätigt hat. Damit ist die Sache für ihn glasklar: Das Auto wird von seinen Rädern bewegt! Großvater hat das alles schon gewusst, und weil er es seit Ewigkeiten wusste und weil er so freundlich guckt, deswegen kann der kleine Johannes diese ziemlich raffinierten Zusammenhänge verstehen und ohne die geringste Angst in seinem Gedächtnis »speichern«.

Daraus erfahren wir ganz zum Schluss Folgendes: Warum Großvater strahlte und wie Johannes sein Strahlen »interpretierte«, das hatte wenig miteinander zu tun. Großvater strahlte aus ganz anderen Gründen so vergnügt, als Johannes wissen konnte. Ein Missverständnis. Schlimm? Ach, keineswegs! Wir lernen: Erziehung funktioniert gelegentlich am besten über Missverständnisse. Wahrscheinlich öfter, als wir ahnen. So ist das eben!

Üben, üben und dann?

Lange Zeit äußerten vor allem biologisch orientierte Psychologen die Vermutung, dass das kindliche Spiel eine Art Training sei, um die komplizierte erwachsene Welt und ihre Objekte zu beherrschen. Nun, dies ist nur in begrenztem Umfang zutreffend. Gewiss wollen Kinder im Spiel ihre Welt beherrschen lernen, über sie verfügen, nur eben nicht in so normativer und eingegrenzter Art und Weise, wie sich Entwicklungs- und Lernpsychologen dies gern vorstellen. Dazu gibt es seit mehr als 30 Jahren interessante Untersuchungen.

Wie viele Studien aus der Entwicklungspsychologie sind sie an Tieren, an Katzen oder Ratten oder Mäusen, gewonnen worden, insofern ist ihre Übertragbarkeit auf kleine Menschen durchaus mit Skepsis einzuschätzen. Aber manche Ergebnisse sind so, dass sie in faszinierender Weise bestätigen, was kinderfreundliche Therapeuten schon vor einem halben Jahrhundert wussten und kluge Eltern jeden Tag mit eigenen Augen sehen.

An der Universität of California in Davis übte man mit Kätzchen ein, wie man sich bei der Jagd auf bewegliche Objekte besonders geschickt anstellt. Andere überließ man schlicht sich selber. Das Ergebnis: Die ungeübten Kätzchen waren, zu erwachsenen Katzen herangereift, nicht minder clever und geschickt bei der Jagd als die trainierten. Viel interessanter erscheint mir aber Folgendes: Es stellte sich heraus, dass die untrainierten auf unerwartete Situationen, die in den früheren Trainingsprogrammen nicht vorkamen, sehr viel kreativer, einfallsreicher reagierten. Ein Wunder ist das nicht!

Jedes Trainieren übt zwar eine ganz bestimmte, eng umschriebene Verhaltensweise ein und hat damit meist auch Erfolg. Aber jeder Erfolg hat seinen Preis. Nicht trainiert werden nämlich all die Verhaltensweisen, die beim Training nicht vorgeschrieben waren. Die Lernmethode dominiert, aber bei kleinen Katzen ist es eben so, dass ihr lernendes Erleben viel farbiger, komplexer, kurzum intelligenter ist als jede Methode. Kurzum, bei jedem Training wird die Variabilität des Verhaltens reduziert. Das mag unter besonderen Bedingungen durchaus auch erwünscht sein – nur bei kleinen Katzen genau wie bei kleinen Menschen ist solche »Reduzierung« ganz und gar unerwünscht. Sie macht ein klein wenig dumm! Gleichwohl setzt sich derzeit eine Förderpädagogik schon im Kindergarten durch, die Sprechen, Fühlen und Denken – am besten zweisprachig, versteht sich, mit »lernmethodischer Kompetenz« – Originalton eines führenden Wissenschaftlers und Politikberaters – eingeübt wird. Der pure Augenschein lehrt, dass die Kleinen dabei nicht schlauer werden, sondern ungeschickter. Und vor allem werden sie nicht glücklicher, sondern unglücklicher. Bei Friedrich Fröbel, dem Begründer der Kindergärten, hätte man das schon nachlesen können. Ein höchst moderner Text. Er ist 150 Jahre alt.

Der Entwicklungspsychologe Peter Smith hat an der University of London ein ähnliches Experiment gewagt. Diesmal nicht an Tierkindern, sondern an Menschenkindern. Er zeigte Vierjährigen, wie man zwei Stäbchen gezielt zusammenstecken kann. Das tat er aber nur einmal. Die Kleinen mussten halt aufpassen! Dazu gab es eine Vergleichsgruppe, in der der Umgang mit Stäbchen hin und her trainiert worden war. Die Aufgabe für beide Gruppen hieß, drei Stäbchen zusammenzustecken. Das Ergebnis ist uns jetzt klar: Die trainierten Kinder waren keine Spur geschickter als die untrainierten. Kein Lerngewinn! Aber die Nichttrainierten hatten bei ihrer Aufgabe viel mehr Spaß. Sie grübelten, machten Quatsch, lenkten dann ihre Aufmerksamkeit auf die Aufgabe zurück, wurden ganz ernst und ehrgeizig und still dabei – wie es eben Art von Kindern ist – und kamen zum Schluss zu höchst einfallsreichen, wenn auch nicht immer erfolgreichen Lösungen. Ob erfolgreich oder nicht, das Fazit des Experimentes ist eindeutig. Die untrainierten Kinder entwickelten eine viel komplexere Art des intelligenten Handelns als die trainierten.

Eine weitere neurowissenschaftliche und entwicklungspsychologische Untersuchung wirft ein Licht auf die Fatalität der modernen Kleinkindpädagogik.

An der kanadischen University of Lethbridge in Alberta wurde folgendes Experiment mit Ratten angestellt. Es ist inzwischen ein

Klassiker der modernen Verhaltens- und Lernforschung geworden: Diesmal waren junge Ratten die Beobachtungsobjekte. Eine Gruppe durfte im Käfig spielen, balgen, sich streiten und wieder miteinander zurechtkommen, ohne dass sie dabei kontrolliert oder diszipliniert wurden. In einem zweiten Käfig ging es geregelter und autoritärer zu. Dort wurden die Kleintiere ausschließlich mit erwachsenen Tieren zusammengebracht. Ergebnis: Diejenigen Ratten, die untereinander hatten kämpfen müssen, die sich balgen und verletzen durften, die sich gekränkt oder einfach auch müde aus der Balgerei wieder hatten zurückziehen dürfen und sich anschließend wieder vertragen hatten, verhielten sich im sozialen Verhalten ungleich geschickter als diejenigen, die von Anfang an unter der Kontrolle der »Erwachsenen« gestanden hatten.

Die beobachtbaren Unterschiede im Verhalten waren eigentlich aussagekräftig genug. Gleichwohl wollten die Forscher auch die neurobiologischen, also die gehirnorganischen Veränderungen untersuchen. Kurz vor der »Pubertät« töteten sie die Tiere und untersuchten ihr Gehirn. Dabei kam Folgendes heraus: Diejenigen Ratten, die in einem freien Miteinander aufwachsen durften, hatten ungleich entwickeltere feinmotorische Gehirnbereiche entfaltet, was nicht weiter verwundert. Zugleich, und damit war keineswegs zu rechnen, zeigte sich, dass sie im präfrontalen Kortex, also in dem Gehirnareal, in dem Hemmung und Planung Organisation des Verhaltens verortet sind, deutlich höher organisierte Verschaltungen und Vernetzungen mit dem ganzen Gehirn aufwiesen als diejenigen, die unter »erwachsener« Aufsicht aufgewachsen waren.

Die Folgerung ist offenkundig. Sie hat ein Entwicklungsevolutionsbiologe an der University of Colorado so formuliert. Die Bedeutung des »freien Spiels«, die schon Fröbel für die Kinder in Anspruch nahm, besteht ganz offensichtlich darin, für unerwartete, unvorhersehbare Lebenssituationen Reaktionsmöglichkeiten und intelligente Antworten zu finden. In einer modernen, von hoch technologisierten Wissens- und Spielmodellen geprägten Zivilisation wird es für unsere Kinder mehr denn je darauf ankommen, nicht nur normative

Vorgaben, Anordnungen und Befehle zu befolgen und korrekt durchzuführen, sondern sich vielmehr flexibel auf jeweils neue Aufgaben einzustellen, Herausforderungen angstfrei zu erkennen und kreative Antworten darauf zu finden – sonst könnte ihr Leben misslingen.

Eben diese Fähigkeiten werden im »freien Spiel« geübt und im angeleiteten Spiel abtrainiert. Ist es also wirklich so, dass die Kinder in der Gesamtschule, die Ganztagsschule, in der die Kinder von morgens bis abends unter dem kontrollierenden Blick von Lehrern – und seien es noch so wohlwollende, noch so einfallsreiche – ihren Tag verbringen, auf diese Unvorhersehbarkeiten und raschen Veränderungen einer modernen Welt angemessen vorbereitet werden? Oder wäre eine Entfaltung der Möglichkeiten zum freien Spiel in Kindergarten und Schule nicht eine adäquatere Antwort?

Freilich muss auch das »freie Spiel« irgendwann zu Ergebnissen führen, irgendwann muss ein Erwachsener schauen, was die Kinder gemacht haben und muss es durch seinen Blick und seine Bewertung auch für die Kinder verortbar werden lassen. Kinder sind erst dann richtig stolz, wenn ein respektierter oder geliebter Erwachsener – am besten Mama oder Papa – auf ihre Produkte oder ihre Ergebnisse schauen, freundlich lächeln und ihre Bestätigung zu erkennen geben. Aber davor muss das freie Erleben liegen, davor muss die Selbstentdeckung des Kindes passiert sein, davor muss das Kind in seiner eigenen Freiheit, in seiner ganz intimen Autonomie erfahren haben, was es heißt, die Welt zu bestehen und im sozialen Miteinander, in der Spiegelung des eigenen Verhaltens im Verhalten der anderen, der eigenen Stimme in der Stimme der anderen, der eigenen Wünsche in den Wünschen der anderen, sich zurechtzufinden und wieder und wieder neu zu organisieren.

Mia oder:
das Glück der Kinder

So sieht Kinderglück pur aus: Die zweijährige Mia stapelt gemeinsam mit Papa Bauklötzchen, die beiden haben mit viel Spaß ein Tor und ein hohes Türmchen errichtet, als Mia urplötzlich das Bedürfnis überkommt, ihr architektonisches Kunstwerk mit einem heftigen Schlag gegen die Wand zu schleudern, wobei sie vergnügt losgackert.

Eines der polternden Klötzchen fesselt Mias Aufmerksamkeit ganz besonders, wie es da eigensinnig vor sich hin kullert, gegen die Wand prallt und schließlich still liegen bleibt. Und jetzt? Ein kurzer Blick auf Papa – ist er böse? Er ist es nicht – und Mia robbt los!

Auf Knien rutschend spürt sie frohgemut die ganze Kraft ihres Körpers, während sie dieses eigenartige Bauklotzobjekt nicht aus den Augen lässt und ihre Aufmerksamkeit anspannt. Jede Bewegung, jede Wahrnehmung, jedes Schauern und Fühlen intensiviert ihr frohes Ich-Gefühl und drängt es auf eine weitere Entwicklungsstufe, hin zum Selbstbewusstsein.

Dabei ist alles hoch kompliziert. Zum Beispiel, entwicklungspsychologisch gesprochen, die Wahrnehmung des »Objektes im Raum« – die Rede ist immer noch von dem Bauklötzchen vor der Wand. Zunächst war es *dort*, und Mia war *hier*; dann spannten ihr Wille und ihre Vorstellungskraft eine Verbindungslinie zwischen hier und dort, woraufhin sie sich sofort in Richtung auf das Bauklötzchen in Bewegung setzte. Nun hockt sie vor dem Klötzchen, das nicht mehr dort ist und isoliert, sozusagen vereinsamt, »im Raum« herumliegt. Sondern jetzt ist es hier in von Mia in-

itiierte Zusammenhänge eingebunden. Als es an der Wand
vor sich hin kullerte, wirkte es fast befremdlich in seiner
Eigenart. Aber nun ist es wieder ganz bezogen auf Mia und
ebenso auf die kläglichen Überreste des zusammengestürz-
ten Türmchens und auch auf Papa, der geduldig brum-
melnd darauf wartet, dass er weiterspielen kann. Mit jeder
realen und symbolischen Handlung wird die Welt für Mia
ein wenig komplexer und »voller«.

Mia glüht vor Stolz, jetzt tastet sie die kantigen Konturen
und die sechs glatten gleichförmigen Flächen des Klötz-
chens ab und ist ganz versunken dabei, weil sie zugleich mit
der Beschaffenheit des Materials auch die Feinheiten ihres
Tastsinns und die Geschicklichkeit ihrer Finger entdeckt.
Sie hat sich das eigenartige Objekt jetzt schon ganz zu »eigen« gemacht. Während sie das Bauklötzchen allmählich
»in den Griff bekommt«, nimmt sie zugleich all die sinnlichen Empfindungen wahr, die die Härte und Glätte und
Form des Bauklötzchens ihr zukommen lassen. Sinnlichkeit und Symbolisierungsvermögen geschehen sozusagen
in einem Atemzug. Wer meint, dass die Entwicklung eines
Kindes simpel ist, hat keine Ahnung.

Aber noch fehlt etwas zu Mias Glück – etwas ganz We-
sentliches, das ihren Kinderstolz in Sekunden über den Hau-
fen werfen könnte. Mia schaut angestrengt zu Papa herüber. Wäre dieser überragend bedeutsame Mensch in Mias
Leben nämlich jetzt ungehalten, verärgert oder auch nur
gelangweilt, oder würde er einfach, weil er lange genug ge-
wartet hat, aufstehen und den Raum verlassen, dann brä-
che die ganze hoch komplexe seelische und körperliche
Leistung und aller Stolz in sich zusammen. Mia würde laut
losheulen, und Papa wäre vielleicht erschrocken (»warum
weint das Kind?«) oder sogar verärgert (»warum heult sie
nur bei jeder Kleinigkeit gleich los?«). Alles wäre nichts
mehr wert.

Aber Papa ist neben dem Türmchen sitzen geblieben, während er sich, einen Klotz auf den anderen stapelnd, geduldig die Zeit vertreibt. Er beantwortet Mias forschenden Blick freundlich und signalisiert lächelnd: »Alles in Ordnung, gut hast du das gemacht!« Jetzt erst wandelt sich Mias Stolz zu reinem Kinderglück.

Uneingeschränktes Glück gibt es für Kinder, zumindest bis zum 5. Lebensjahr, nur, wenn sie all das, was sich in diesen übervollen Entwicklungsphasen zuträgt, jederzeit an Mama oder Papa oder an eine ganz vertraute Betreuungsperson »zurückbinden« können. Lange bevor sie Sprache und Selbstbewusstsein erwerben, lernen Kinder schon, wie unendlich bedeutsam es ist, angeschaut zu werden, wahrgenommen zu werden. Der »feinfühlige Austausch« zwischen Mama und Kind – von dem die Bindungsforscher sprechen – hat viele Medien, Stimmen, Klänge, Körper und Geruch, Bewegung und Rhythmus, Hunger und Sättigung.

Aber von besonderer Bedeutung für die Entfaltung von Gefühlen und Intelligenz ist offenbar der mütterliche Blick. Mama schaut fröhlich, jetzt durchströmt das Kleinkind eine tiefe Freude, die sich mit seiner natürlichen Daseinslust mischt. Mama schaut traurig oder abwesend, jetzt fühlt ein Kind sich von aller Welt verlassen. Das Ehepaar Papousek spricht angesichts dieses innigen Ausdrucks von einem »biologischen Spiegel«, in dem ein Kind mit sich selber bekannt wird. Die Autoren aus der ersten Generation der Psychoanalyse haben das auch gewusst, Anna Freud und Melanie Klein, die feindlichen Geschwister in der Gründungsphase einer analytischen Kinderpsychologie. Sogar der nüchterne amerikanische Psychotherapeut Heinz Kohut schwärmt vom »Glanz im Gesicht der Mutter«. Nur in der aktuellen Debatte um frühkindliche Betreuung spielt diese reiche Literatur keine Rolle mehr.

Zusammenfassend kann man feststellen: Die Abhängigkeit der Kleinkinder im Somatischen und Seelischen von der Mutter, vom Vater, einer geliebten Vertrauensperson, ist ohne jedes Maß. Dies ist für die Lebensphase der innigsten Beglückung beim rasanten Wachsen aller seelischen und körperlichen Kräfte eine der radikalsten Gefährdungen. Das Selbst wird gelernt, und dieses Lernen kann misslingen. Ist ein Kind aber ausreichend oft, ausreichend verlässlich, ausreichend liebevoll oder »feinfühlig« angeschaut, angesprochen, berührt und genährt, »gestillt« worden, dann macht es sich – gleichsam einem faustischen Drang folgend – auf, die Welt zu erkunden, stellt ich auf eigene Beine, »stellt sich« der Welt, von der es entsprechend seiner geringen geistigen und körperlichen Kompetenzen nicht die geringste Ahnung hat.

Der ganze verwegene Kindermut ist allerdings umlagert und bedroht von frühesten Ängsten und Phantasmen, die jederzeit aufbrechen können. Alles ist unfertig, deshalb so eindringlich prägend, eben darum ist die ständig abrufbare Rückversicherung an die großen verlässlichen Gestalten der frühen Kindheit notwendig. Wie bei Mia. Ihr Aufstellen des Bauklötzchen zurück in die Reihe der anderen Klötze, bis der umgeworfene Turm wieder steht und bedenklich wackelt, ihr Betasten und Bewegen der immer sinnhafter gewordenen Objekte, das alles ist Selbst- und Glückssuche.

Die Welt ist voller vielversprechender Informationen und Signale. Aber ganz vollkommen wird die Lust auf die Selbsterprobung und das Abenteuer des Lebens erst, wenn sich die vielen neuen Begabungen mit den »Bindungen« vernetzen und versöhnen. Erst wenn Papa auf das herbeigeschaffte Bauklötzchen und auf seine kleine Tochter schaut und lächelt, werden die Geschicklichkeit der Finger, die Empfindsamkeit des Körpers und die staunenswerte Erfahrung des Raums zum Kinderglück.

Dieses Glück ist prekär, es erhebt sich über vielfache Ge-fährdungen – und vielleicht ist es ja wirklich so, wie wir Erwachsenen zu wissen meinen, dass die Gefährdungen das Glück erst vollkommen machen. Wer weiß so etwas schon ganz genau?

Das Spiel mit den Bauklötzchen ist nur ein Denkbild. Ver-gleichbare Situationen ereignen sich im Kinderleben täg-lich, unzählig oft. Nicht immer gehen sie gut aus. Was folgt aus dieser Skizze der kindlichen Entwicklung? Offensicht-lich dies:

1. Je unbelasteter die Bindung an die Mutter und vertraute Betreuungspersonen erfahren werden kann, desto ver-lässlicher reifen Emotionalität und Intelligenz, Liebes-fähigkeit und richtige Neugier eines Kindes.

»Bindungsstörungen« haben besonders in den ersten 18 Lebensmonaten zur Folge, dass die Kinder sich zu früh los-reißen und in die »Welt der Objekte« hineintreiben, dort findet ihre unfertige seelische und kognitive Ausstattung nicht ausreichend Ruhe, Geduld und Feinfühligkeit, um die Objektwelt sorgsam zu erkunden. Also greifen sie unru-hig nach diesem und jenem und begreifen viel zu wenig. Sie bleiben auch unsicher in ihrer Körperlichkeit. Störungen in den seelisch-kognitiven Entwicklungen, die sich beson-ders in der Sprache und im Sozialverhalten zeigen, sind fast zwangsläufig.

Eine intelligente Entwicklung ist ohne verlässliche Bin-dung kaum vorstellbar. Allerdings gibt es Kinder, die sich mit geringen »Bindungsfähigkeiten« ganz auf das Funkti-onieren der Dinge, die Mechanik, die Logik einlassen und dabei ein fast manisches Interesse entfalten. Diese Kinder werden später oft als »hochbegabt« eingestuft, aber ihre

Gefühle und sogar ihre Selbsterfahrung bleiben merkwürdig kalt und leer. In den widersprüchlichen Verhaltensbildern sogenannter »Hochbegabter« zeigt sich oft in beeindruckender Weise eine hohe Funktionsintelligenz bei gleichzeitiger Gefühlsarmut und mangelnden sozialen Kontakten. Wir folgern weiter:

2. Eine nur auf kognitive Kompetenzen (auf die Steigerung von Denkfähigkeiten) reduzierte Früh-Förderpädagogik beschädigt das emotionale und kreative Erfassen der Sachen und die Selbstentfaltung eines Kindes entlang der Eigenart der Sachen. Rein methodisch-instrumentale Förderung gleich welcher Art schadet Kindern.

3. Eine Gesellschaftspolitik, die Familien schützt und ihnen sozial gesicherte Bedingungen bietet, leistet sich damit das optimale und möglicherweise das einzig sinnvolle Programm zur Prophylaxe gegenüber den Verfallserscheinungen moderner Kindheit und Jugend, gegen Gewaltbereitschaft, Suchtanfälligkeiten und eine allgemeine Tendenz zu übermäßig egozentrischem Sozialverhalten. Kurzum, das Gelingen einer sozialen Kultur ist ganz auf das frühe Glück der Kinder angewiesen. Übrigens kommt die moderne Neurobiologie zu denselben Ergebnissen. Das ist bei intelligenten Gehirnforschern wie Gerald Hüther und Joachim Bauer nachzulesen.

Nachtrag: Einige Jahre später, wieder beglückende Erfahrungen und wieder viele Ambivalenzen: Das Kind kommt in die Schule. In der zugigen Turnhalle, in deren Ecken noch Baumaterial und Schmutz von den gerade abgeschlossenen Renovierungsarbeiten künden, drängeln sich etwa 200 Eltern. Alle sind so aufgeregt wie ihre Kinder. Unglaublich spannend ist das alles. Die kleinen Schulanfänger hocken in der ersten Reihe. Nur wenige drehen sich nach Mama oder Papa um. Alles ist so neu hier. Ein Aufbruch, der eine ganz eigene Dynamik und Stimmigkeit hat. Für eine halbe oder eine ganze Stunde sind die Eltern fast vergessen. Scheue oder freche, verwegene oder ängstliche Blicke nach links und rechts: Das sind also die, mit denen ich die nächsten Jahre – was sind »Jahre«? – zubringen werde. Jeden Morgen treffe ich sie. Eine unendlich lange Zeitstrecke, die vor mir liegt, viel länger, als ich überhaupt auf der Welt bin. Vorstellbar ist das alles nicht. Da könnte man beinah ängstlich werden und sich doch zu Mama umdrehen oder dem Impuls, jetzt noch mal schnell zu ihr zu rennen, nachgeben. Aber dann überwiegt das andere, das Neue, was man gar nicht kennt und sich nicht einmal vorstellen kann, die Zukunft, die voller Erwartung in einem steckt und der man entgegenfiebert.

An den folgenden Tagen wird sich in fast jeder dieser Anfängerklassen ein Kind verzweifelt an Mama klammern und den Klassenraum nicht betreten wollen, wird zu Hause den Schulweg verweigern oder unter Tränen antreten. Aber jetzt, wo so viel Schüchternheit und demonstrative Neugier und Selbstvertrauen allen Kindern gemeinsam ist und eine Bindung unter den Kleinen herstellt, jetzt, wo Zukunft überwiegt und alles neu zu beginnen scheint, will keiner zurück zu Mama oder Papa. Keiner weint und nörgelt. Die unbewusste Gemeinschaftlichkeit des Erlebens stützt die Kinder und macht ihnen Mut. So beginnt ein zweiter Abschnitt der Kindheit, in dem die ungeteilten Glücksgefühle seltener und die Enttäuschung abgemilderter sind. Jetzt kündigt sich schon das vernünftige Leben an – es steht dem vollkommenen Glück immer ein bisschen im Weg.

Was Sprache bedeutet
und wie sie Ängste bannt

Ich habe an meiner Tochter beobachten können, was Sprache für Kleinkinder bedeutet. Sie war knapp zwei Jahre alt, bewegte sich noch nicht auf ihren Beinen, aber schon auf den Knien. Rasant rutschte sie durch unsere recht geräumige Altbauwohnung. Jedes Objekt war ihr eine vertiefte Beobachtung wert und in jedem Gegenstand fand sie Spuren von Mama oder Papa, die irgendwann einmal jene Schublade geöffnet, hier ein Hemd aufgehängt, dort eine Tür geöffnet, den Herd benutzt und einen Schrank geschlossen hatten, der so viele verführerische Geheimnisse barg. Von den isolierten Dingen ging ihr Interesse auf die Entfernungen zwischen den Dingen über, sie begann zu begreifen, dass die Abstände nicht nur räumlich, sondern auch körperlich erfahrbar sind. Zugleich verwob sich diese Einsicht mit der Tatsache, dass Objekte nicht nur »sind«, sondern Funktionen haben und Zusammenhänge bilden. So wuchs mit jeder Reise auf den Knien durch die Wohnung ihr Objektverständnis.

Zugleich schrieben sich Raum und Zeit in ihr Selbst- und Körpergefühl ein. Dabei gewann sie ahnungsweise auch die (durchaus befremdliche) Erkenntnis, dass die Dinge über eine eigenartige, eigenständige Existenz verfügen, ganz unabhängig von ihr, diesem in einer noch »versöhnten«, einigenden Welt forschenden Kind.

Ich nähere mich im Folgenden einem höchst komplexen Entwicklungsschritt der frühen Kindheit. Piaget beschrieb ihn als »Objektpermanenz« (siehe dazu auch S. 64 ff.). Ich habe weiter vorn den Eigensinn und die Eigenart der Dinge als positive Herausforderung für den kindlichen Geist beschrieben, aber das ist nur die Hälfte der Wahrheit. Die Autonomie der Dingwelt hat auch eine befremdliche, ja erschreckende Seite. Jetzt erst, nachdem es sich auf die eigenen Beine stellte, wird dem Kind zugleich mit dem Erfassen von Zeit und Raum deutlich, dass es nicht länger in der umhüllten Einheit mit Mama und im Zentrum einer verlässlichen Welt lebt, sondern nur ein Objekt neben anderen Objekten, ein Körper neben anderen Körpern ist. Damit geht die durchaus erschreckende Einsicht einher, dass die Ding-Welt auch außerhalb seiner Wahrnehmung existiert. Wir leben nicht in einer einigen Welt – aber die Sehnsucht nach der »Unio Mystica«, der verlorenen Geborgenheit, dem verlorenen Zentrum, das wir selber sind, überlebt auf die eine oder andere Weise in uns allen.

Wie ein Schutzschild erhebt sich gegen diesen seelischen Schritt ins Unbekannte (ein Körper wird in eine gleich-gültige Welt der Körper ausgesetzt, Objekt neben Objekten), den wir so nüchtern »Objekt-Permanenz« nennen, die Sprache, die die abwesenden Dinge ins Eigene holt. Sogar der überaus nüchterne Jean Piaget verfällt bei der Beschreibung dieses Sachverhaltes in eine für ihn ganz ungewöhnlich komplizierte Syntax.

Mein Töchterchen reagierte im Prinzip ganz ähnlich. Ich will das erläutern. Eines Tages beobachtete ich also, wie sie den langen Flur in unserer Wohnung entlang rutschte, urplötzlich aber, offenbar von einer höchst irritierenden Empfindung berührt, innehielt und laut und vernehmlich »Schra ... Schra ...« krähte.

»Schra ...«, das war, wie ich wohl wusste, ihre zweijährige Version des Wortes Schrank. Offenkundig war ihr aufgefallen, dass der Schrank (von meiner Frau, die Schränke sammelt wie andere Leute Briefmarken, heiß geliebt, gehegt und gepflegt, hundertmal geöffnet und wieder geschlossen) von ihr, dem Kind, nicht mehr gesehen wurde, aber gleichwohl, da sich ihr Raumempfinden inzwischen verlässlich genug ausgeprägt hatte, noch »da sein« müsse. Das Kind entwarf also von dem abwesenden Schrank ein inneres Vorstellungsbild, das es durch ihr »Schra … Schra …« lautstark zum Ausdruck brachte und zugleich in ihrem kleinen Kopf sicherte.

Anschließend wendete sie sich abrupt um und eilte, von dem inneren Vorstellungsbild und dem Wortklang »Schra … Schra …« gelenkt, durch den Flur zurück in das Wohnzimmer, um dort endlich, erleichtert und zufrieden, den erinnerten Schrank an seinem wohl vermuteten Ort wiederzufinden. Da ist es ja, das beständige und tröstliche Möbel! Nicht nur Mama und Papa können trösten, die Dinge können es manchmal auch.

Beglückt starrte sie also auf ihren Schrank und wiederholte unzählige Male, vergnügt in sich hinein glucksend: »Schra … Schra …«, jenen Wortlaut also, der Vorstellungsbild und Bindung an Mama, die den Schrank so gern putzt, sowie die verlässliche Verortung aller Gegenstände in der Wohnung in sich versammelt und dadurch zu einem immer voller empfundenen, einen immer bedeutungsgewisseren Sprachbild geworden war. Zugleich mit der Einsicht, ein autonomes Wesen – Körper neben Körper, Objekt neben anderen Objekten – zu sein, entfaltete sie nunmehr die Anfänge der Sprache, die ihre kleine Welt fortan zu ordnen und zu sichern begann.

Sprache birgt wie alles symbolische Erfassen zugleich ein Zukunftsversprechen. Jedes gefundene und im Sprechen bewusst gewordene Wort leitet zu der Fülle weiterer Worte und schließlich der Kompliziertheit der Syntax über, in der sich eine enorme Plastizität der noch zu erfassenden Menschen, Dinge, Orte und Ereignisse ankündigt. Es ist ja ganz erstaunlich, mit welch syntaktischer Regelhaftigkeit bereits die fünfjährigen Kinder Sprache benutzen – im Verhältnis zu ihren schwachen Körperkräften wirkt ihr kluges Sprechen oft rührend, manchmal komisch. Aber in ihm äußert sich ein überaus kräftiger Wille auf die »Welt als Ganzes«.

Sprache sichert das Selbst im Spannungsfeld zwischen dem noch begrenzten »Jetzt« und der zu ergreifenden Zukunft. Sprache bildet keineswegs nur die Objekte und Funktionen der Welt ab. Sprache ist mehr als Erkennen und Verstehen, nämlich erwartungsfrohes Empfinden der Welt mit suggestiven Lauten. Zugleich bannt die Sprache archetypische frühkindliche Ängste, wie sie in den Märchen dargestellt sind: die Angst, verschlungen zu werden wie Rotkäppchen, die Angst, ausgesetzt zu werden wie Hänsel und Gretel.

Wenig davon findet sich in dem Sprechen bindungsverarmter Kinder. Sie sind, obwohl sie hastig und manchmal ununterbrochen plappern, sich selber und anderen oft unverständlich. Dieses ungeschickte Sprechen ist nur der letzte Abschnitt in einer Folge früh begonnener Symbolisierungsdefizite, ihrer Welt-Erfahrung fehlt jeglicher bedeutungsvolle und sichernde Charakter, und so bleibt alles verwirrend und turbulent: die Objekte selber, die irgendwie nur herumstehen und über die man stolpert, die Ordnung des Raumes und die gliedernden Eigenschaften der Sprache (die die Welt auch als inneren Klang zum Ausdruck bringen kann) – alles ist zwar auch von ihnen »irgendwie« gelernt, aber wie ein Schulwissen, wie auswendig gelernt und nie ganz zu eigen geworden. Nicht nur verwirrend ist ihre Welt, sondern sinnleer.

Manche Kinder freilich entfalten ganz früh eine besonders präzise Sprache, aber auch sie liegt fremd in ihrem Mund. »Altklug« nannte man solch kindliches Sprechen früher. Die Syntax ist korrekt, die Worte sind sorgfältig gewählt, aber ihnen fehlt das Wichtigste: Sie wirken wie auswendig gelernt, die Fülle des Erlebens, die Gefühle des Körperlichen, die ganze volle Weltwahrnehmung spiegelt sich in diesem Sprechen nicht. Nur eine kalte, funktionale Welt – obwohl sie viel und schlau reden – das Sprechen dieser Kinder ist immer dem Verstummen nahe.

Alles ist fort –
wie aus Angst Mut wird

Einige der frühesten Beobachtungen zu Bindungen zwischen einem Kind und seiner Mama und wie sie im Spiel verarbeitet werden stammen von Sigmund Freud. Sie sind bekannt geworden als »Fort-Da-Spiel« und gehören zu den klassischen Szenarien der Psychologiegeschichte. Freud stand, als er ein Kind beobachtete, vor einem Rätsel. Der kleine Hans hatte die Eigenart entwickelt, eine Garnrolle fortzuwerfen, so weit seine kleinen Kräfte dies erlaubten, und in ein wütend enttäuschtes »Oooh« zu verfallen. Freud rätselte herum. Warum wirft dieser kleine Junge das Garnröllchen fort und zeigt danach alle Anzeichen von Enttäuschung? Warum fügt er sich selber diesen seelischen Schmerz zu? Darauf gab es keine simple Antwort.

Er tat es immer wieder, und die Eltern – von dem umstrittenen berühmten Professor darauf aufmerksam gemacht – betrachteten das scheinbar harmlose und doch so rätselhafte Spiel ihres Kindes immer sorgenvoller. Die Garnrolle weg, dann das lang gezogene, fast weinerliche »Oooh«. Was bedeutete das?

Ganz nebenbei merke ich an, dass wir hier in der Geschichte der Psychologie ein frühes Beispiel dafür haben, dass sich die Sorgen von Eltern auftürmen, nur weil sie auf psychologischen Expertenrat hin das Spiel ihres Kindes viel zu besorgt aufmerksam betrachteten. Ohne Freud wäre ihnen nichts Bedenkliches aufgefallen. Und das viele Herumgrübeln half ja auch gar nicht weiter. Aber das nur nebenbei.

Freud fand allerdings schließlich die Lösung des Rätsels. Das Spiel mit der Garnrolle hatte, wenn man nur lange und geduldig genug hinschaute, zwei Teile. Das Wegwerfen der Rolle und die darauffolgende Enttäuschung war nur ein erster Abschnitt, darauf folgte in absoluter Regelmäßigkeit ein zweiter. Und der sah so aus: Der Kleine zog die Garnrolle mit Macht wieder zu sich heran und äußerte ein strahlendes »Daaa!«.

Das Spiel bestand also nicht nur aus der Selbstzufügung eines seelischen Schmerzes, sondern ebenso aus der Freude darüber, dass der Schmerz wieder aufhörte. Und damit hatte Freud in der Tat einen ganz grundlegenden »Mechanismus« der menschlichen Seele erkannt, der sich in dem Kinderspiel in schöner Reinheit zeigte.

Der kleine Hans warf die Garnrolle von sich, behielt aber ein einzelnes Garn in der Hand, mit dem er rechtzeitig, wenn sie zu weit wegkullern wollte, die Rolle zu sich zurückziehen konnte. Er »inszenierte« eine Enttäuschung – traurig: »foooort« – und behielt gleichzeitig alles im Griff. Ein Ruck, und die Garnrolle war wieder »daa«. Dieses Glücksgefühl »daa« gab es für ihn aber nur, weil er vorher das »fooort« zugelassen, ja sogar selber in Gang gesetzt hatte. Erst die Enttäuschung, dann das Glück.

Nun fällt es nicht schwer zu verstehen – exakt so lautete auch Freuds Theorie –, dass der kleine Hans mit seinem »Fort-Da-Spiel« eine ganz wichtige Erfahrung seines kleinen Lebens nachspielte. Die Garnrolle war natürlich nur ein Stellvertreter, ein »Symbol«. Die Garnrolle war Mama.

Ich habe an mehreren Stellen in diesem Buch erläutert, dass Mama der Inbegriff von Beglückung, Nahrung, Zufriedenheit ist. Aber sie hat ein ambivalentes, ein zwiespältiges Gesicht. Die Bedürftigkeiten eines Kleinkindes auch noch mit 18 Monaten und zwei Jahren, sind unersättlich und ohne Geduld. Alles muss »jetzt« sein. Aber Mama kann nicht immer zur Stelle sein, es gibt keine »Jetzt-Befriedigung« im Kinderleben. Bevor es gestillt und genährt wird, empfindet das Kind Hunger und fühlt sich ihm ohnmächtig ausgesetzt. Vor der wärmenden Nähe gibt es Phasen des Alleinseins usw. Um zum »Glücklichsein« zu gelangen, müssen solche dunklen Seelenpfade durchschritten werden. Das ist Menschenschicksal!

Der kluge kleine Hans trainierte sich mit seinem Spiel darin, solche Kränkungen zu ertragen, indem er sie in eigene Aktivitäten übersetzte. Er lernte, das enttäuschende »Fort« (an dem er wie alle kleinen Menschenkinder gar nichts ändern konnte) selber hervorzurufen und dadurch leichter zu ertragen, und er lernte dabei zugleich, hinter dem »Foort« froh auf das »Daa« zu warten. »Sicher gebundene« Kinder haben genau diese Kraft. Sie gehen auf das »Foort« zu mit dem ganzen Mut, der sich ihnen aus der Verlässlichkeit des ausreichend oft empfundenen (Mama ist) »daaa« eingeprägt hat.

So schwierig und komplex soll das Seelenleben eines Zweijährigen sein? Ja, genauso ist es. Also noch einmal mit etwas anderen Worten: Die Garnrolle trat an die Stelle der Mutter, sie wurde zu einer Art »Symbol« der Mutter, ein Gleichnis ihrer An- und Abwesenheit. Für einen Zweijährigen ist es schwierig zu verstehen, dass Mama manchmal weggeht, dann ist sie »fort«. Und er wünscht sich nichts inniger, als dass sie zurückkehre, also wieder »daaa« ist. Was tat das schlaue Kind? Es fügte sich selber, während es das Garn im Griff behielt, die Enttäuschung zu. Es machte die Enttäuschung also beherrschbar, empfand den Schmerz der Trennung mit dem klagenden »fort«, zog dann das Garn, das Mutter-Symbol, zu sich zurück und gluckste beglückt »daaa«. Es übte also an einem ganz beliebigen Objekt An- und Abwesenheit zu ertragen. Zunächst die An- und Abwesenheit von Mama, aber darüber hinaus – und dies führt zu einem weiteren Entwicklungsschritt – erwarb es die Beherrschung des »fort«, das jetzt nicht nur Mama, sondern alle Sachen auf dieser verwirrenden Welt betraf. Darüber müssen wir noch ein wenig weiter nachdenken.

Über das Bindungsspiel mit »Mama und Garnrolle« hinaus erkennen wir einen zweiten Grundbestand des psychischen Reifens. Kinder müssen durch viele Ängste hindurchgehen. Aber aus den Ängsten, oft einer elementaren Furcht, erwachsen neue Kompetenzen. Wir werden dies im nächsten Kapitel am Beispiel der Sprache noch weiter anschauen.

Kinder sind unerschöpflich in ihrem Erleben und besitzen dabei meist enormen Mut. Wir beachten das gar nicht genug! Sie haben Mama lieb und möchten, dass sie »da« ist, sie klagen darüber, dass sie »fort« ist. Und dann machen sie aus diesem »Fort« und »Da« ein Spiel, und dieses Spiel beglückt sie. Danach folgt ein großer Schritt in der Reifung der Psyche: Haben sie das Spiel ganz verinnerlicht, das »Hier und Dort« und »Fort und Da« ganz und gar gelernt, dann kann Mama ruhig auch einmal ein bisschen wegbleiben. Manchmal stört sie sogar.

Wenn ein Kind diesen seelischen Zustand erworben hat, dann wird es Zeit für es, dass es sich auch anderen Erwachsenen und anderen Kindern zuwendet. Immer nur Mama ist jetzt schon zu wenig. Unser Kind reift heran. Es wächst in seine eigene Autonomie hinein. Sein seelisches Leben geht jetzt über Mama hinaus. Es wendet sich den Objekten der Welt zu.

Die sind übrigens auch mal »da« und dann wieder »fort«. Damit wenden wir uns schon wieder einem anderen Kindergeheimnis zu. Zum Beispiel der Schrank im Wohnzimmer – mal ist der da, und dann, wenn das Kind sich rutschend und krabbelnd in die Küche bewegt »einfach weg«.

Wir haben diesen äußerst wichtigen Entwicklungssprung unter dem blassen psychologischen Begriff »Objektpermanenz« betrachtet. Jetzt schauen wir auf etwas anderes.

Mal da, dann wieder fort. Was für eine gewaltige Entdeckung das ist, ängstigend natürlich, aber auch bewegend, beglückend. Und was tut unser Kind? Es wiederholt den seelischen Ablauf des Garnrollen-Spiels. Mal fort, mal da? Macht nichts, ich lasse die Sachen wegrollen, und dann hole ich sie zurück. Ich bin der Größte. Das galt erst für Mama, für die die Garnrolle das Vorbild abgab, jetzt gilt es für die ganze umgebende Welt. Den Schrank, den Teddybär, den plappernden Fernseher, der so viel Spaß macht und manchmal nervt, weil er viel zu laut ist – alles ist mal da und dann wieder fort. In dieser Phase, die für unseren erwachsenen, an den Realitäten geschärften Verstand so selbstverständlich erscheint, entwickeln die Kleinen das für diese Lebensphase so typische kindliche »Grandiositätsgefühl«: Ich kann alles, ich hab alles im Griff! Sollen die Sachen doch weg sein, mir doch egal. Ich hole sie mir schon wieder, so und ähnlich lauten die Verarbeitungen, die sich an Zwei- oder Dreijährige ausspinnen.

Diese – fachlicher gesagt – »Ich-Idealisierungen« sind übrigens so unsterblich wie alles Unbewusste. Sie schwirren irgendwo im Hinterkopf von uns allen herum, ein Leben lang: »Eigentlich kann ich fast alles, jedenfalls viel mehr, als die Leute wissen!« Doch dann holt uns unsere kümmerliche, aber leider unumgängliche Realitätseinsicht wieder ein, und wir werden wieder ganz bescheiden und vernünftig. Kinder sind nicht so. Sie behalten ein großes Stück ihres Omnipotenzgefühls noch viele Monate lang bei. Ich habe diese ganze Welt im Griff. Damit beschwichtigt ein Kind seine Angst.

Aber wir haben ja am kleinen Hans gesehen, dass es mit der Angst eine höchst seltsame Bewandtnis hat. Einerseits wollen wir, dass die Angst aufhört, andererseits suchen wir sie immer wieder auf. So seltsam es klingen mag, die Angstbeschwichtigung ist nur ein Teilziel der Psyche. Daneben gibt es noch ein anderes, unbewusstes Ziel (in den pädagogischen Debatten taucht es überhaupt nicht auf). Dieses andere seelische Motiv in uns will die Angst erleben und sie dabei gleichsam durchdringen, um sie sich zu eigen zu machen. Ein nicht unerheblicher Teil unserer Psyche ist immer der Angst auf der Spur und will das Ängstlichwerden als eine tiefere Existenzspur in sich aufnehmen. Auch das gehört zum Reifen der kindlichen Seele und seines Mutes.

Auch das hat allem Anschein nach mit den Einprägungen der ersten Lebenswochen zu tun. Mama blieb »fort«, wenn wir vor Hunger geschrien haben, oder benötigte viel zu viel Zeit, wenn wir nach Nähe und Wärme verlangten. Wir alle haben nicht nur die mütterliche Fürsorge, sondern auch das mütterliche »Fernbleiben« verinnerlicht – vermutlich ist das gut so! In weiteren Entwicklungsschüben nach den ersten anderthalb Lebensjahren und vielleicht früher zieht und markiert die Angst eine Spur in unserem Charakter. Diese Spur sucht die Herausforderung, die Ängste, um sie zu bezwingen, von der Klettertour in den Alpen bis zum Bungee-Springen. Angst und Mut sind Geschwister in unserer Seele.

Dazu fällt mir ein Erlebnis aus der eigenen Kindheit ein. In dem ostwestfälischen Städtchen, in dem ich aufwuchs, gab es eigentlich nur ein bedeutsames Ereignis im Verlauf eines Jahres, das war der Weihnachtsmarkt. Ach nein, Weihnachtsmarkt ist eine viel zu schwache Bezeichnung für das, was sich vor meinen staunend beglückten Kinderaugen Jahr um Jahr auftat. Die lang gezogene »Mittelstraße« quer durch die Stadt, und dann noch die Wälle, die die uralte Handelsstadt einst als Schutz umrundet hatten, waren mit kleinen Buden und großen Karussells vollgestellt. Für ein Kind war das ein gewaltiger Markt, der bei uns »Kläschen« hieß. »Kläschen« war die Verkleinerungsform von Klaus, St. Klaus, Nikolaus. Aber das war mir mit 7, 8 oder 10 Jahren völlig egal! Hauptsache, er war groß. Hauptsache, ich konnte, kaum dass ich aus der Schule heimgekommen war, die Schultasche in die Ecke schleudern und in Richtung »Kläschen«-Markt verschwinden.

Insgesamt war er auch in der rückschauenden erwachsenen Betrachtung ziemlich beeindruckend. Zwei oder drei Kilometer zogen sich die Buden, die kleinen Varietés und Spiegelkabinette hin mit einem gewaltigen Riesenrad ganz am Ende des Weihnachtsmarktes. Beglückend war die Vielfalt der Gerüche, der Klänge und Rufe, der »billige Jakob« und das rasend schnelle Karussell, das »Fahrt zum Mond« hieß. Darauf will ich zu sprechen kommen.

Dieses rasende Karussell, das gemessen an heutigen Geschwindigkeiten ein ziemlich behäbiges Gefährt gewesen sein muss, machte mir Angst. Und zog mich unwiderstehlich an. Abend für Abend bevor ich am Ende eines ereignisreichen Tags nach Hause trottete, verharrte ich vor der »Mondfahrt«. 50 Pfennig hatte ich aufgespart, das war der Preis für die Fahrt (es ist halt schon ein Weilchen her!). Dann hockte ich mich in einen dieser kleinen engen Wägen, wartete zitternd darauf, dass er sich in Bewegung setzte, fühlte das Rumpeln und Rattern auf den Schienen, und als die rasende Fahrt begann, schloss ich die Augen und spürte nur noch das Rauschen des Windes, den Wirbel der Lichter, die pure Geschwindigkeit, die Augen und Ohren zustopfte.

Ganz klar hatte ich Angst, die erst allmählich versickerte, wenn sich die rasante Fahrt dem Ende zuneigte, die Waggons langsamer wurden und schließlich anhielten. Ein kleiner Kindertriumph stellte sich ein, sobald ich aus dem rumpelnden Karussell herauskletterte. Ich war durch die Ängstlichkeit hindurch gegangen. Ich verließ das Karussell wie ein Sieger. Dann, beglückt von der überstandenen Angst und verwirrt von den Sensationen der Sinne, war es Zeit, nach Hause zu gehen. Das war Tag für Tag, Abend für Abend mein ganz persönlicher Höhepunkt.

Was war geschehen? Nun, ich spielte ein Seelenspiel, das dem »Fort-Da-Spiel« des kleinen Hans sehr ähnlich war. Zuerst suchte ich begierig jenen Moment auf, von dem ich wusste, dass er mit Angst behaftet sein würde. Aber Angst – das sagt sich so leicht hin. Angst ist kompliziert. Sie ist Sensation, sie hat etwas Gieriges und Zwiespältiges. Angst ist viel mehr als nur Furcht vor etwas Bestimmten oder Unbestimmten. Angst ist immer auch Aufbruch, das Durchbrechen hin zu etwas ganz Neuem, das sich bisher den Sinnen und dem Verstand verschlossen hat. Angst und Mut, ich sagte es, gehören ganz eng zusammen und treiben unseren Willen ein Leben lang voran – immer weiter. Diese Angst ist wie die Fürsorge bei »Mama« erworben. Würde eines von beidem fehlen, könnten wir unser Leben nicht bestehen.

»Schau mal, Papa, ich fliege!«

Väter und manchmal auch Mütter umfassen ihr Kind gern und heben es hoch über ihren Kopf, ganz hoch in die Luft. Die Kleinen haben keine Angst, ist das nicht seltsam? Stattdessen jauchzen sie vor Freude, greifen mit beiden Händen strahlend nach Mamas oder Papas Gesicht, wollen immer wieder in die Luft gehoben und herunter gezogen werden, mal ganz nah und dann ganz weit weg von Mama oder Papa, mal auf »gleicher Augenhöhe« und dann wieder ganz hoch erhoben, frei schwebend im Raum.

Das sind ganz komplexe seelische Verfassungen, die unser Kind da äußert. Die Entwicklungspsychologen machen deutlich, dass es sich hier auch um körperliche Entwicklungsvorgänge handelt. Dies mag zutreffen. Ein Kind lernt, so in die Luft gehoben und manchmal sogar ein bisschen nach oben geworfen und wieder aufgefangen, die Ausprägung seiner »Lateralität«, seines Gleichgewichts und Körpersinns. Das ist nur der eine Punkt. Der seelische ist genauso wichtig oder sogar wichtiger. Leider ist er schon wieder ein bisschen kompliziert. Das Kind, in den festen und sichernden Armen von Mama oder Papa oder einer anderen vertrauten Person, fühlt sich zunächst einmal geborgen. Papa hält mich ja, mir kann nichts passieren! Ich bin ganz gesichert. Und wenn ein Kind sich ganz sicher und geborgen fühlt, in den festen, haltenden Händen einer vertrauten erwachsenen Person, dann will es fliegen, dann will es hoch hinaus. Dann hat es den Mut zum Abenteuer, immer mehr, immer höher, noch unbeschwerter, noch weiter.

Vermutlich ist dies auch ein Erbe der Menschheitsgeschichte. Wir alle sind durchdrungen von Visionen, wollen immer mehr und weiter. Wollen Neues und Größeres als das, was uns schon bekannt ist. Irgendwann als Erwachsene werden wir in diesem grenzenlosen Verlangen gehemmt, bis wir ganz einknicken und uns in die Ordnung der Welt fügen. Dann wird die Welt manchmal recht langweilig und grau.

Für Kinder ist die Welt nicht grau, kann es gar nicht sein. Nein, auf der Grundlage der Geborgenheit, dem »sicheren Halt« von Mama und Papa will es fliegen. Fliegen, sich in der Luft drehen, aufgefangen werden. Das Bild des »Fliegers« ist nicht zufällig in der analytischen Psychologie eine Metapher für Narzissmus. Aber wir sprechen hier nicht von dem egozentrisch verengten, sondern von dem freien, weltoffenen schönen Narzissmus, den alle Kinder haben. Fliegen ist mehr als das bisherige vertraute Körpergefühl. Das ist ja ganz verhaftet an die Erde, an die bekannte »Ordnung des Körpers«. Das Kind will jetzt mehr, es will seinen Körper (die Ordnung des Körpers) zwar einerseits spüren, aber danach dieses vertraute Gefühl ganz überwinden. Wie Ikarus.

Deshalb strahlt und jauchzt es, wenn es über dem Kopf von Mama schwebt. Plötzlich ist es größer als Mama oder Papa, plötzlich freier und ungebundener. Schön ist das, aber zu lange darf es auch wieder nicht dauern. Zu viel »Ungebundenheit« macht Angst. Jetzt greift es heftig nach der vertrauten Gestalt von Papa und Mama, jetzt will es schnell zurück zu der verlässlichen Ordnung, dem »Halt«. Zu viel Schweben, zu viel in die Luft fliegen erträgt ein Kind nicht, zu wenig aber auch nicht.

Wenn wir unsere Kinder immer an die Ordnung, das Normative, die vernünftige Realität binden, dann wird die Welt schon in diesem allerfrühesten Alter eng und starr. Kinder wollen das nicht. Sie werden mürrisch und ein wenig dumm dabei. Sie wollen fliegen, aber fliegen ohne Halt macht auch Angst. Sie wollen immer beides. Gehalten werden und dann aus diesem Halt davon schweben, hoch über Mamas Kopf, weit über Papas verlässlichen soliden Griff, weit über alles Wirkliche hinaus. Und dann ganz schnell zurück. Das ist ein Wechselspiel, das in uns allen verankert ist: Vision und Realität, Vernunft und Grenzenlosigkeit. In diesem kleinen Spiel, das alle Kinder mit ihren Eltern oder anderen Vertrauten unendlich gern und unermüdlich spielen, lässt sich die menschliche Verfassung in ihren Grundzügen ablesen.

Im Anschluss an dieses Fliegen, dieses Gehoben- und Geworfensein, will das Kind auf dem Schoß sitzen. Es will hoppeln, auf und ab: »hoppe hoppe Reiter«. Was ist das für ein Wunsch? Ganz einfach: Jetzt hat unser Kind noch eine frohe Erinnerung an das »Hoch-erhoben-Sein«, aber auch an die kleine Furcht, die es nach Papas festem Halt greifen ließ. Nun möchte es ein klein wenig von dem Hoch und ganz viel von der körperlichen Verlässlichkeit des Erwachsenen spüren, immer beides, schnell hin und her, auf und ab. Also »hoppe-hoppe-Reiter«. Hopp und gleich wieder auf das feste, sichernde Knie. Jetzt wird diese freie, schwebende Erfahrung sozusagen »gesichert«. Jetzt hopst und zuckt es, zappelt und ruckt, aber immer ganz eng an der Bodenhaftung, an der Wirklichkeit des Körpers und dem Vertrauten.

Kinder, die in die Luft gehoben wurden und dabei vor Vergnügen quietschten, wollen anschließend auf dem Schoß hocken, bergen ihre Ärmchen um den mütterlichen oder väterlichen Körper, den körperlichen Schutz des Erwachsenen. Doch bald wird das auch wieder langweilig, zumal das vergnügte Fliegen ja noch in der Seele wogt. Also wollen sie jetzt wieder Bewegung, ganz hinauf, nur eben jetzt ein klein bisschen hinauf, und schnell wieder runter, ein ganz klein wenig fliegen, und dann sofort Sicherheit und Bodennähe. Auf diese Weise freut sich das Kleine noch einmal an seinem Flug hoch über den Kopf von Mama und Papa und vergewissert sich zugleich, dass jeder Höhenflug nicht im Nirgendwo, sondern auf Papas Knie oder an Mamas Körper endet – ganz im Vertrauten.

Die ersten Monate
und die Moral

Die Moralapostel und die redlichen Moraltheoretiker streiten: Warum ist die Idee der Wahrheit, der Aufrichtigkeit oder sagen wir der »Authentizität« nicht tot zu kriegen? Zurzeit sind zahllose Bücher auf dem Markt, die das Gegenteil behaupten: »Der Ehrliche ist der Dumme« oder »Das Lob der Lüge«, lauter prominente Namen verbergen sich hinter den Autoren solcher Bestseller. Für manche funktionieren sie wie Ratgeber. So geht es also zu in der modernen Gesellschaft, man muss nur lügen und sich durchschlängeln, dann stellt sich Erfolg ein. Habe ich zwei Millionen auf meinem Konto, bin ich in jeder Weise gerechtfertigt, ganz egal, wie die Millionen entstanden sind.

Nun, die meisten von uns machen bei aller Geschicklichkeit keine Million. Aber es ist wohl so, dass in Zeiten des Internets und der digitalen Wirtschaft irgendwie alles möglich scheint. Das verführt zur Lüge. Wenn der Erfolg keine redliche Basis im alltäglichen Leben, im Bodenständigen hat und der Misserfolg jederzeit wie ein Schicksal über einen hereinbrechen kann – trotz Fleiß, Anstand und Bildung – (weil beispielsweise auf irgendwelchen Aktienmärkten beschlossen wurde, dass ein traditionsreiches Werk einem neuen Investor zugeschustert wird, der die Pforten schließt und Mitarbeiter entlässt), dann ist die Lüge zum Alltagshandwerk geworden.

Wir leiden alle unter diesem Zug der modernen Weltkultur, einer Art »objektiver Unwahrhaftigkeit«. Und doch dürfen wir ihr nicht nachgeben. Das sagen die Moraltheoretiker, und sie haben recht damit. Aber warum haben sie recht?

Das wissen die Theoretiker der Ethik und Moral auch nicht so genau. Was wirkt und wirbelt in uns als »innere Stimme«, wie ein bedeutender Sozialphilosoph sagte, was ist es eigentlich, das uns zur Wahrheit verpflichtet und das uns, wenn wir die Unwahrheit sagen, mit einem schalen inneren Gefühl zurücklässt? Die Antwort liegt wieder in der frühen Kindheit. Denn dort herrschte Wahrhaftigkeit.

Als wir unsere ersten Gefühle lernten, die ersten Kontakte erwarben, die ersten Bestätigungen unseres Selbst noch ganz unbewusst in uns aufsaugten, da war Wahrhaftigkeit ein überragender Wert und Unwahrhaftigkeit eine Katastrophe.

Mamas strahlende Augen bestätigten das kleinkindhafte Selbst, und wenn Mamas Augen das Strahlende nur vortäuschten, dann bestätigten sie gar nichts. Dann schufen sie nur Momente der Desorientierung, der Verwirrung, der Konfusion. Ein Kleinkind weiß nicht mehr ein noch aus, weil es so auf Mama angewiesen ist. Wie soll es sonst wissen, wer er selber ist. Wenn Mamas Blicke oder Worte nicht wahr sind, dann stürzt ein Kleines in eine diffuse, vorbewusste Unsicherheit.

Oder nehmen wir den frühen Erwerb der Sprache, hier gilt dasselbe. Das kleine Kind benennt einen Gegenstand, dann schaut es auf Mama, und wenn Mama nickt, dann ist dieser Laut mit dem Gegenstand verwoben. Das ist unauslöschlich, das bleibt ein Leben lang.

Aber Mamas Wort muss den Gegenstand richtig benennen, es muss ein wahres Wort sein. Durch ihre Stimme und ihre Worte lernen sie ja die Welt zu erkennen und zu erwerben. Wenn Mama nun aber nickt und lächelt, obwohl das Kind zu einem Stuhl »Sra Sra« – also Schrank – gesagt hat, dann löst sie Irritationen aus. Später wird das Kind wiederum »Sra« sagen und den Stuhl meinen und zum Schrank etwas sagen, was dem phonetischen Laut von Stuhl entspricht. Mamas Unwahrheit stimuliert eine seelische Verfassung, die an Unwirklichkeit grenzt.

Wenn ein Kind Unwirklichkeit als »Wahres« aufgenommen, verinnerlicht und eingeatmet hat, dann fällt es ihm unendlich schwer, sich später aus solchen Desorientierungen zu befreien. Sie wirken tief. Am Beispiel von Psychopathen können wir uns – überspitzt – verdeutlichen, welches Ausmaß an Verwirrung hier gestiftet wird. Dass Wort und Gegenstand, Stimme und Gefühl von den ersten Lebensjahren an nicht authentisch zueinander passen, sondern sich verwirren und vermengen und schließlich das Gefühl für eine beständige Realität ganz auflösen, das Reale zerfließt – das ist die Seelenlage von Psychopathen. Ihnen sind Unwahrhaftigkeiten unterschiedlichster Art früh eingeflüstert worden.

Unterschätzen wir also nicht die zentrale Bedeutsamkeit von Ehrlichkeit und »Authentizität« (zu Deutsch: Redlichkeit der Gefühle) in allen Kommunikationen und Erklärungen dieser frühen Jahre. Sie stärken den Kern des kindlichen Selbst.

Dies ist der Grund, den die Moraltheoretiker nicht so recht zu finden wussten, der Beweggrund, der uns nach Wahrheit streben lässt. Wir können nicht anders. Wahrheit ist gleichbedeutend mit dem Gelingen eines stabilen Selbstgefühls, dem Aufbau von Gewissheit in einer komplexen Umwelt – solche Wahrheit beginnt mit dem ersten Angeschautwerden von Mama oder einer anderen vertrauten Bindungsperson und setzt sich fort in der geistigen Entfaltung entlang von Körper und Welt, Sprache und Symbolerwerb.

Da mögen die zynischen Theoretiker des »Lobs der Lüge« brillant oder bieder trompeten, was ihnen Erfolg auf den Buchmärkten verspricht. Gewiss, sie haben Erfolg, aber warum? Weil sie einem zynischen Zeitgeist unserer Gesellschaft hinterherlaufen. Doch in einer tieferen Schicht unseres Selbst wirkt ein anderes Verlangen, eine Sehnsucht nach Wahrhaftigkeit. Es ist die Sehnsucht nach einer intakten Kindheit, nach einer glaubwürdigen Mutter, die uns anschaut und uns sagt, wer wir sind. Nach einem guten Vater, der uns die Welt als eine Ordnung zeigt und nicht als eine Täuschung. Darauf können wir nicht verzichten. Wir alle nicht.

In einer zynischen Gesellschaft sind wir nicht zu Hause, die Lüge betrügt vor allem uns selber und das ehrliche Kind, das in uns lebt.

Alles im Griff – trotzdem

Babys wollen alles anfassen, nach allem greifen und alles im Griff haben, alles festhalten. Aber das dürfen sie nicht, sagt soeben wieder ein Kinder- und Jugendpsychiater in einem Buch, in dem er vor den kleinen Tyrannen warnt. Babys und kleine Kinder müssen seiner Meinung nach möglichst früh das Gehorchen lernen, sonst, sagt er, geht die kleine Psyche »den Bach hinunter«, wird egoistisch, unstrukturiert, zuletzt von Ängsten durchströmt.

Das dröhnt so daher, dass ängstliche Eltern erschrocken den Kopf einziehen. »Mein Gott, was machen wir denn nun, was soll denn nur aus unserem Kind werden?« Sie sollten sich beruhigen. Was Winterhoff und andere unbefangen in die Welt setzen, ist ebenso schlicht wie falsch. Wo immer er seine Ausbildung auch genossen haben mag, von Kinderpsychologie verstand man dort wenig.

Wie ist es tatsächlich? Auch hier gibt die Theorie der frühkindlichen Bindung wichtige Antworten. Freilich, ganz so eindeutig, wie es Psychologen und Pädagogen und viele Eltern gerne hätten, verhält sich die Sache nicht. Ein Kind muss sich in der Tat »fügen«, behutsam und feinfühlig auf alle Eindrücke, Worte, Klänge, Bewegungen achten und reagieren. Es soll schauen und horchen, sich auf Mamas Gesten und Blicke einstellen und antworten. Auf diese Weise lernt es einen »guten« Gehorsam, einen, der das kleine unfertige Selbst stabilisiert und nicht ängstigt. Es soll sich den mütterlichen Augen, ihrem Gesicht, ihrem Geruch und ihren Worten zuordnen, die Sinne spannen hin zu einem ganz, ganz wichtigen Menschen – dem wichtigsten überhaupt! –, soll hören und horchen und gehorchen. Das ist so, hat aber nicht das Geringste zu tun mit dem untertänigen Gehorsam, den unser Jugendpsychiater im Blick hat.

Komischerweise verhält es sich nämlich gerade so, dass das von ihm beklagte Trotzen und »alles Kontrollierenwollen«, das rücksichtslos kreischende »den Willen durchsetzen«, das ihn so nervt, die direkte Folge der Erziehung ist, die er vorschlägt. Je mehr die Welt der Kleinen mit Verboten eingeschränkt wird, je mehr ihre Neugier mit »Nein« belegt wird, desto fremder wird ihnen die Welt, die sie doch mit ihren ein, zwei oder drei Jahren erst kennenlernen wollen. Desto ängstlicher klammern sie sich an diese oder jene Dinge und verlieren ihr Feingefühl dabei, ihr Unterscheidungsvermögen zwischen dem, was wirklich wichtig für sie ist und was ganz gleichgültig. Die Welt bleibt ihnen fremd, insgeheim unheimlich – und zum Schluss vertrauen sie nicht einmal Mama und Papa und dann niemandem mehr. Ist das schwer zu verstehen? Ist es nicht! Nicht einmal für einen Jugendpsychiater mit miserabler Ausbildung!

Buchstäblich das ganze Leben hängt von Mamas Zuwendung ab – das habe ich erklärt. Wenn Mama sich abwendet, obwohl der Kleine auf ihr Lächeln wartet, wenn sie ihn nicht nähren will, obwohl er jetzt Trost durchs Nuckeln und Schlucken auf Mamas Schoß braucht, ja sogar dann, wenn sie sich nur seelisch abwendet, stirbt etwas in dem kleinen Wesen ab. Wir stoßen hier auf einen ganz wichtigen Punkt. Alle höheren Säugetiere benötigen Zuwendung und Nahrung, ja in gewisser Weise Liebe. Aber der Mensch ist das einzige Wesen, das gleichzeitig »Anerkennung« braucht. Es muss wortwörtlich »erkannt« werden, während es genährt und gewärmt wird.

Erinnern Sie sich an das Wechselspiel, den kommunikativen Austausch zwischen Mama und Kind, den ich beschrieben habe. Das ist die »Anerkennung«, von der wir hier sprechen – ich werde gesehen, ich werde gehört, ich existiere und bin sicher aufbewahrt. Ich bin anerkannt und kenne mich deshalb selber, fühle mich selber wie eine seelische Einheit. »Kohärenz« sagen die Psychologen fast sorglos dazu.

Übrigens streben wir alle von diesen frühesten Monaten der Kindheit an ein Leben lang nach solcher Anerkennung. Sie ändert nur ihre Formen, nicht ihre seelischen Inhalte. Ob wir eine hübsche Rede halten, ein Buch schreiben oder als Politiker wieder gewählt oder vom Meister gelobt werden – alles ist Anerkennung: Man kennt mich so, wie ich sein möchte. Ich bin da!

Aber zurück zu unserem Kind. Um Anerkennung ringt es besonders dann, wenn Mama wegschaut, während das Kleine noch ganz in ihre Augen vertieft ist, oder wenn Mama die Brust entzieht, obwohl das Kleine zwar nicht mehr hungrig, aber seelisch noch ganz unausgeglichen ist. Da wird etwas ganz Existenzielles entzogen, das ist vielleicht jetzt klar geworden. Dieses Wesen muss geradezu um sein Leben kämpfen. Es muss also manipulieren, kontrollieren, Mama »in den Griff« kriegen. Und wie geht das? Nun, wir hören es an schönen Sommertagen von überall her, ein Schreien und Krähen aus den Kinderwägen, die Kleinen rufen und brüllen: »Sieht mich denn keiner, hört mich denn niemand?« Sie setzen sich zur Wehr: »Wenn ihr uns nicht wahrnehmt, dann leiden wir!« Sie haben die Kontrolle, den »Zugriff« auf Mama oder Papa verloren – wir müssen das aus der kindlichen Sicht begreifen: Sie haben damit ihren Halt verloren, in gewisser Weise ihr Gefühl für sich selber. Sie schreien halb besinnungslos, denn sie sind ja in Gefahr.

Gott sei Dank laufen solche Erlebnisse – »Mama ist fort, Papa ist auch nicht da! – nicht immer so dramatisch ab. Manchmal gibt es mildere Varianten zu diesem ohren- und herzzerreißenden Krähen und Kreischen: Manche sechs-

oder achtmonatigen Kinder haben es fein heraus, wie sie ihre Betreuer mit breitem Grinsen, cleveren Hochziehen der Augenbrauen und zahllosen anderen kommunikativen Tricks »manipulieren«. Wir Erwachsenen können gar nicht anders. Wir lächeln und beugen uns zum Kind hinunter. Das ist auch gut so!

Verständnisarme Erwachsene sprechen dann von Trotz (manch einer macht ein ganzes Buch daraus!). Sogar Pädagogen und Psychologen, die es eigentlich besser wissen sollten, und viele Eltern erkennen den dynamischen Kern in dem lautstarken aufbegehrenden Verhalten nicht. Dieser dynamische Kern lautet: Ich muss die Welt doch im Griff haben, ich muss doch über alles verfügen und alles sichern, was soll denn sonst aus mir werden? Das kindliche Kontrollieren, manchmal weinend, manchmal brüllend, das starre Festhalten von einmal ergriffenen Gegenständen (manchmal können sie wirklich gefährlich sein für das Kind!), dies alles ist hochgradig angstbehaftet.

Wenn Erwachsene auf die Ängstlichkeit verständnisvoll eingehen – also nicht nur ein kindliches »ich will mich aber durchsetzen« hören lassen, wenn sie keinen ahnungslosen Pädagogensätzen wie »das Kind will seine Grenzen austesten« folgen, dann können sie die kleine Seelenkatastrophe auffangen. An Mamas oder Papas schützender Brust enden sie dann in schluchzender Versöhnung. So muss es sein! Wie denn sonst soll ein Kind lernen, wie wichtig das Horchen auf die elterlichen Stimmen sein kann, wie besänftigend das »Sichfügen«, Einfügen, Anlehnen an Papas Brust oder Sitzen auf Mamas Schoß? Wie sollten sie denn wohl »gehorchen« lernen, wenn nicht durch Trost und Besänftigung?

Daraus folgt der nächste Gedanke: Wo der kindliche »Griff nach der Welt«, dieses frohe »das ist alles meins« (vgl. S. 40 ff.), wo dieses Sichbehaupten behindert, begrenzt oder gar mit Strafandrohung eingeschüchtert wird, da bricht das Grundvertrauen der Kleinen zusammen. Die in populären Ratgebern empfohlene Nicht-Beachtung bis hin zum »stillen Stuhl« – was lernt ein Kind wohl dabei? Es lernt, dass es selbst unter Einsatz seiner ganzen kleinen Existenz nichts auszurichten vermag. Körperlich und seelisch wird es in ein haltloses Gefühl von Ohnmacht getrieben. Alles hat sich gegen das Kleine gewendet, die ganze Welt, nichts ist mehr vertraut und warm, nichts ist mit der bedürftigen Seele jetzt noch in Übereinstimmung. Sogar das ursprüngliche Vertrauen zu Vater und Mutter hält solche Belastungen nicht aus – es bricht ein. Jetzt helfen nicht einmal tröstende Worte mehr, jetzt ist es zu spät. Etwas ist beschädigt, für wie lange? Woher will man das wissen?

Deshalb noch einmal: Was ist das für eine unglaubliche Empfindungsarmut, im rufenden, klammernden oder brüllenden Trotz nichts als »Ungehorsam« zu erkennen? Was jetzt beschädigt wird, fällt in wenigen Jahren als Verweigerung, Gleichgültigkeit, verstecktes Misstrauen auf die Eltern zurück und schafft Erziehungsprobleme, die oft nur schwer zu bewältigen sind.

II. TEIL

GESTÖRTE BINDUNGEN ODER:

die Trauer der Kinder

Ohne Bindung kein Vertrauen,
ohne Vertrauen keine Freude

Die Dinge, mit denen Kinder spielen oder auf die sie munter einplappern, bergen ein Versprechen: »Die Welt ist immer noch mehr, viel mehr als das hier«, bedeutet es, und die Kinder lassen sich, forschend und abenteuerlustig, darauf ein. Gerade die Autonomie der Dinge, ihre Fremdheit, wird durch eifriges Beleben der symbolischen Fähigkeiten erkundet und in gewissem Umfang überwunden.

Während es sich mit seinen Fähigkeiten in den Dingen »spiegelt«, erfasst ein Kind zugleich die schier unendliche Plastizität der Objektwelt. Jedes Begreifen ist zugleich ein Überschreiten – das ist die hochkomplexe Symboltätigkeit des Kindes. Sie findet mit der Sprachentwicklung, die bei vielen Kindern übrigens ganz abrupte Sprünge annimmt, einen vorläufigen Abschluss.

Auf dieser Entwicklungsstrecke sind bindungsverarmte Kinder unglücklich gescheitert, teilweise oder vollständig.

Sie können ihre Welt nicht symbolisch ordnen und deshalb auch nicht verlässlich festhalten, für sich selber so wenig wie für die »anderen«. Die Selbst-Vergegenwärtigung in diesem offenen und stabilen Spannungsfeld von Selbst und Objekt steht ihnen nicht oder nicht ausreichend zur Verfügung – das gilt für die zweijährigen ebenso wie für die acht- oder neunjährigen Kinder. Sie finden in sich nicht genügend Bindungen, um das Neue mit dem eben erst Vergangenen zu vereinen. Sie »entwerfen« sich nicht entlang erlebter Ordnungen, sondern gleiten von einem Moment in den nächsten und dann immer weiter, letztlich nirgendwohin.

Bindungen und Symbole fixieren das Erleben, durchtränken es mit dem gefühlten Selbst. Ohne diese Kohärenz bleibt selbst das ganz aktuelle Erleben seltsam abstrakt und das Erinnern ohne kraftvolles Bedeuten. Am Anfang allen Symbolisierens, wie wir sahen, steht die Bindung und die Vergewisserung jedes einzelnen Erkenntnisschrittes durch Mama und Papa und anderer, die Vertrauen stiften.

Objekte und Menschen – nichts fügt sich für bindungsverarmte Kinder in eine verlässliche Wahrnehmungseinheit. Alles ist so zerrissen und zersplittert. Jene bindende innere Kraft, die die unendlich vielen Eindrücke, die ein Kind Tag für Tag ansammelt, zusammenhält und strukturiert, fehlte oder war zu schwach – was immer der Grund dafür gewesen sein mag.

Dies ist die Folge: Die Dinge stehen wie fremd und bezugsleer im Raum, die Menschen agieren und reden wie hinter Glaswänden – und zugleich tobt ringsherum alles geräuschvoll verwirrend durch den kleinen Kopf. Diese Kinder wirken manchmal ganz verloren. Alles tobt und kann nicht festgehalten werden. Keine Dauer ist in ihrer Freude und auch nicht in ihrem Traurigsein, stattdessen immer nur ein fortwährendes »ich weiß gar nicht, wer ich bin«! Das lässt sie rasch nach jeder kleinen Aktivität zurücksinken in eine träge dahin fließende Depressivität, die selten wirklich überwunden wird. Dass man aus der Struktur und den Funktionen der Objekte freudig die Gewissheit der eigenen Geschicklichkeiten ablesen kann und dass man in sozialen Kontakten die Bedeutsamkeit des »Ich« finden könnte: dies alles bleibt ihnen weitgehend verschlossen, ungefühlt und ungewusst.

Der bedeutende französische Psychoanalytiker Jacques Lacan sprach von einem Spiegel, vor dem das 18-monatige Kind jubelnd verharrt: »Das bin ich!« Dieser Spiegel steht unseren bindungsschwachen, hyperaktiven und nervös verträumten Kindern nicht zur Verfügung.

Freunde?
Ich habe Hunderte …!

Dies ist immer ein untrügliches Zeichen: Ich frage kleinere und größere Jungen regelmäßig, wer ihr bester Freund sei. Oft setzt nach einem kurzen Zögern eine großspurige Antwort ein. »Freunde? Ach, ich habe so viele …!« Was kann man daraus schließen? Nun, es liegt auf der Hand. In aller Regel sagen sie damit, dass sie gar keinen Freund haben, keinen bestimmten. Kein inneres Bild entsteht vor ihren Augen, wenn man sie nach dem »besten Freund« fragt. Kein Wunder, es gibt ihn nicht, nicht den besten Freund, und den zweitbesten auch nicht.

Solche Kinder sind einsam. Je großspuriger sie sind mit ihren Angaben, umso unverlässlicher in sich selber und umso einsamer sind sie in Wirklichkeit. Was hat das mit unserem Thema zu tun? Mit Bindung oder dem Verlust von Bindung? Sehr viel!

Wer in den frühesten Lebensmonaten nicht gelernt hat, einem anderen Menschen – wie ich es geschildert habe – zu vertrauen und dadurch Selbstvertrauen zu erwerben, der strahlt auch kein Vertrauen aus. Insgeheim misstraut er jedem, dem er begegnet, egal, ob dieses Kind drei oder 14 Jahre alt ist. Das »Urvertrauen«, von dem der große Psychoanalytiker René Spitz spricht, ist diesen Kindern abhanden gekommen oder sie haben es nie erfahren. Sie vertrauen niemandem, eigentlich sogar sich selbst nicht. Und die anderen Kinder spüren das. Sie haben eine Witterung für diese tief in die Psyche eingesunkene Dissozialität. Diesen Mangel an Mitempfinden, diesen Mangel an natürlicher

Freude an Begegnung und Austausch, Reden und Spielen, Quatsch machen und Streiten und sich wieder versöhnen.

All das, was bindungssicheren Kindern wie selbstverständlich gelingt, will ihnen partout nicht glücken. Mal sind sie übereifrig und versuchen, Freunde für sich zu gewinnen – kleinere Kinder versuchen oft sogar, Freundschaft zu »kaufen«, indem sie dem anderen Süßigkeiten oder sogar Geld versprechen – und das geht natürlich schief. Andere versuchen sich aggressiv durchzusetzen und die Anerkennung und Zuneigung, die ihnen so schmerzlich fehlt, zu erzwingen – und das geht genauso schief! Und wiederum andere spielen den Kasper, den Klassenclown. Sie versuchen Aufmerksamkeit auf sich zu ziehen mit allen Mitteln, auch den fatalsten. Selbst wenn die anderen Kinder über sie lachen, ist das immer noch besser, als wenn sie gar nicht wahrgenommen werden.

»Wahrgenommen« werden, dieses Wort muss man einmal genauer betrachten. Wir sind von frühster Kindheit darauf angewiesen, dass ein anderer, andere Menschen, andere Kinder eine »Wahrheit« in uns sehen, uns für »wahr« nehmen. Sonst sind wir gegenüber allen anderen und gegenüber uns selber ganz verloren. Einsame Kinder sind nicht nur allein. Sie sind von einem tiefen, meist depressiv gefärbten Misstrauen gegen sich selber geprägt. Eigentlich kennen sie sich gar nicht, weil sie die Welt um sich herum und besonders die Kinder um sich herum so wenig kennengelernt haben.

Am Anfang dieses Ausbleibens der Wahrnehmung von anderen und sich selber steht das Ausbleiben der Wahrnehmung von »Mama«. Das liegt eigentlich auf der Hand. Die nächste Stufe des Unglücks ist erreicht, wenn diese Kinder großspurig über inneres Unheil hinwegzutäuschen versuchen, sich selber und alle anderen auch. Dies erklärt dann auch ihre Antwort auf meine Frage: »Freunde? Klar habe ich Freunde, ganz viele ...« Was diesen Worten fehlt, ist das »Bestimmte«, dieser besondere Freund, dieser einzigartige Mensch, der aus der Menge der anderen Kinder herausragt. Der wäre nötig, damit er unseren unglücklichen Jungen oder unser vereinsamtes Mädchen »wahr-nimmt«. Aber den gibt es nicht.

Diese große Zahl, dieses Ungenaue in der Antwort, verrät noch etwas mehr. Unser »unsicher gebundenes« Kind weiß gar nicht so recht zwischen dem einen und dem anderen Kind zu unterscheiden. Als Freund wäre ihm eigentlich jeder recht. Aber genau darin liegt die Crux. Auch die anderen Kinder wollen in ihrer Eigenart als etwas Besonderes anerkannt werden, vor allem von ihren Freunden. Sie wollen ihre Einzigartigkeit bestätigt bekommen. Sie wollen auf andere Weise mit diesem einen Freund lachen und spielen und sich auf andere Weise mit dem anderen auseinandersetzen und wieder vertragen. Sie wollen nicht austauschbar sein.

Aber diese große Zahl – »ich habe hundert Freunde« – verrät eine insgeheime, unbewusste und unglückliche Gleichgültigkeit. So wenig soziale Erfahrung, so wenig intuitives Miteinander schwingt in diesen Worten mit. Einen Freund kann man sich vorstellen, zwei Freunde auch, aber hundert? Nein, da bläht sich das unglückliche Selbst auf. Da suggeriert es sich mit seiner Selbstüberschätzung, dass doch alles möglich wäre und ein glückliches Kinderleben mit vielen Freunden gelingen könnte. Und gleichzeitig schwingt in solchen Worten die Resignation mit. Nein, daraus wird ja doch nichts mehr. Ich kann mir Freunde gar nicht vorstellen, diesen besonderen Freund und jenen, diese oder jene besondere Bindung an ein anderes Kind. Dieses Eigenartige, das die Beziehung zwischen Mama und Kind und Papa und Kind prägen sollte, den Charakter des Kindes prägen sollte und dann auf die Freunde und das ganze soziale Leben übertragen werden müsste – das fehlt ihnen. Es ist ein verzweifelter Klang, der in der kindlichen Stimme mitschwingt, wenn sie sagen: »Freunde? Die habe ich haufenweise, was sonst?«

Mary und die Fremde

Zwölf Monate ist der kleine Max alt, vielleicht sind es auch dreizehn. Mama hat ihn lieb, das weiß er ganz genau. Oder weiß er es vielleicht doch nicht? Kinder sind rätselhaft. Mitunter zeigt ihr Verhalten genau das Gegenteil von dem, was sie unbewusst empfinden. Dies ist vielleicht die aufregendste Einsicht, die sich aus den bekanntesten klassischen Experimenten der Bindungsforschung ergibt. Das beobachtete Verhalten führt leicht zu falschen Schlussfolgerungen. »Fremde Situation« hieß diese Versuchsanordnung, ich komme gleich auf sie zurück.

Das Bewusstsein eines 12-monatigen Kindes ist ja noch ganz schmal, wie ein Hauch, ganz durchlässig und jederzeit zu erschüttern. Darunter erst regen sich die tieferen Empfindungen, die aller-»innigsten« begannen sogar vor der Geburt, sind aber im Somatischen und im Seelischen tief verankert.

Dann mit der Geburt der Sturz in die Realität, die ersten Segmente von Bewusstheit, die erste Aufmerksamkeit, dann das erste neugierige Tasten und das Körperempfinden, mal warm an Mamas Brust, mal befremdlich in der Berührung mit der rauen oder glatten Oberfläche von Dingen, mit ihren Kanten und Flächen. Wenn Mama nicht gewesen wäre, wäre George nur erschrocken und verängstigt, viele kleinkindhafte Monate lang. Aber Mama war da. Das ist seine Gewissheit. Die Basis alles Fühlens, Denkens, Sprechens, das sich in den folgenden Jahren anschließt.

Und damit sind wir bei dem Paradigmenwechsel, den John Bowlby in die kinderpsychologische Debatte einbrachte. Seine These lautete schlicht und überzeugend: Am

Anfang steht die Bindung, die Liebe und das Wort. Bowlby war Psychoanalytiker, zunächst ganz im Sinn der freudianischen Tradition. Aber nun brach er mit ihr – genauer gesagt: Die Orthodoxie der psychoanalytischen Gesellschaften brach mit ihm. Für sie war, dem großen Lehrmeister folgend, alles seelische Erleben ein rein inneres, Phantasie und Projektion, Wahrnehmung und Hemmung. Bowlby band seine Theorien hingegen an Beobachtungen, die er in den realen Kommunikationen zwischen Mutter und Kind zu erkennen meinte. Seine therapeutische Arbeit stützte die Theorie. Wo die Bindungen zwischen Mutter und Kind gestört waren, aus welchem Grund auch immer, dort zeigten sich mit hoher Regelmäßigkeit, ja Zwangsläufigkeit kindliche Persönlichkeitsdefizite, die die klassische Tiefenpsychologie so nicht erkennen wollte.

Ich werde die Auseinandersetzungen zwischen den beiden »Schulen« hier nicht weiter fortführen, sondern will auf ein aufregendes Experiment kommen, das Bowlbys berühmteste und wohl auch einfallsreichste Schülerin Mary Ainsworth 1960 entwickelte. Es ist unter, wie erwähnt, der Bezeichnung »fremde Situation« bekannt geworden und zog eine ganze Serie vergleichbarer experimenteller Verhaltensbeobachtungen nach sich.

Die Versuchsanordnung war simpel: In ausführlichen Gesprächen, Hausbesuchen usw. machten sich die Forscher ein grobes Gesamtbild, nach dem sie die Beziehung zwischen Mutter und Kind zunächst grob als »sicher gebunden« oder »unsicher gebunden« einstuften.

Mary Ainsworth arbeitete experimentell am Forschungsinstitut der Universität Baltimore. Auch sie kam aus der Psychoanalyse, der Tiefenpsychologie. Aber wie ihr großer Lehrer Bowlby hatte sie sich in wichtigen Teilfragen von der Orthodoxie getrennt, die, wie angedeutet, das Erleben des Kindes ganz nach innen verlegte, ganz in das Reich der

Fantasie, des Phantasma, der Kränkung und der Verarbeitung der Kränkung durch erneute Fantasien, der Rachewache und Todeswünsche. Eine enorme, großartige seelische Landschaft, die die Psychoanalyse da gezeichnet hatte, aber entsprach die wirklich der Realität der Kinder? Oder doch eher eine literarisch faszinierende Projektion erwachsener Fantasien in die Psyche der Kleinsten?

Je weiter Mary Ainsworth den Einsichten des zu diesem Zeitpunkt noch wenig geachteten John Bowlby folgte, desto mehr versuchte sie, seine Thesen durch experimentelle Beobachtungen zu »verobjektivieren«. Dazu entfaltete sie höchst einfallsreich Situationen, in denen sich seelische Vorgänge wie in einem Brennspiegel zeigten, eine Art Verdichtung der mütterlichen und kindlichen Kommunikation.

Die »Versuchsanordnung« – was für ein abstrakter, akademischer Begriff für eine so raffinierte Konstruktion – sah folgendermaßen aus: Die Mutter und ihr einjähriges Kind betreten einen Raum, in dem eine Menge Spielzeug aufgestellt ist, verlockende Spielsachen, verheißungsvolle. Ein Kind stürzt sich darauf, auch ein Einjähriges tut das schon. Es krabbelt oder wackelt auf das Spielzeug zu, von Mamas Blicken begleitet und von ihrer Zuwendung gesichert. Nun der entscheidende Moment: Mama verlässt, nicht ohne dem Kind zu signalisieren, dass sie gleich zurück sein werde, den Raum. Nach wenigen Augenblicken betritt ein Fremder den Raum, nähert sich behutsam dem Kleinen, der jetzt vom Spielzeug aufschaut und Verhaltensweisen zu erkennen gibt, die für die weitere Interpretation höchst bedeutungsvoll sind.

Manche Kinder grinsen den Fremden freundlich an, wenden sich dann wieder dem Spielzeug zu, drücken ihm vielleicht sogar eines der Spielzeuge in die Hand als Einladung zum Mitmachen. Andere sind skeptischer. Misstrauisch nehmen sie ihr Spiel wieder auf und brauchen eine gewisse

Zeit, bis sie sich dann doch, behutsam, aber ohne Angst, dem Fremden näherten und ihn mitspielen ließen.

Manche also nehmen sofort, fast vorbehaltlos, Kontakt zu einem fremden Menschen auf, andere bleiben auf Distanz, verhalten sich eher skeptisch und abwartend, finden dann aber zu einer seelischen Gewissheit, die ihm besagt: Nein, hier droht keinerlei Gefahr. Außerdem kommt Mama gleich wieder zurück. Wie das Kind auf die fremde Person reagiert, wie es in dieser besonderen Belastungssituation fertig wird, lässt weitgehende Rückschlüsse auf seine Bindung an die Mutter zu.

Würden wir nicht meinen, dass die »kommunikativen« Kinder die selbst-bewussteren sind, die mit einem gesicherteren Ich-Gefühl? Entspräche das nicht in der Routine unserer pädagogischen Wahrnehmungen? Nun, wie vielleicht schon vermutet liegen wir damit ziemlich falsch!

Danach der zweite Abschnitt des Experiments: Mama betritt wieder den Raum, während der Fremde sich wiederum leise, fast unauffällig entfernt. Natürlich wird sie von dem Kleinen wahrgenommen. Manche Kinder streben froh mit glucksenden Glücksbekundungen Mama entgegen, halten sich an ihr fest und wollen ihr aufgeregt das neu entdeckte Spielzeug zeigen. Andere schauen nur auf, wenden sich dann wieder dem Spielzeug zu und bleiben ganz in ihr Spiel vertieft.

Ainsworth' Interpretationen lauteten grob vereinfacht so: Wenn ein Kind das mütterliche Verlassen des Raumes, nachdem es ganz allein vor seiner kleinen Spielzeugwelt bleibt, nur mit einer kurzen Geste oder einem knappen Blick zu registrieren scheint und sich dann wieder diesem neuen, verlockenden, eigenartigen Spielzeug zuwendet – zeigt das wirklich, dass es selbstsicher und kompetent mit den Objekten umgeht? Oder zeigt es nicht vielmehr, dass diese Mama, die jetzt weg ist, nicht bedeutsam genug für seine kleine Psyche war, als dass sie mehr als eine unauffällige Geste hätte provozieren können?

Und die Reaktionen auf die neu hinzutretende »fremde Person«? Was zeigte sich darin, dass manche Kinder den Fremden vorbehaltlos willkommen hießen, andere in ihr Spiel versunken bleiben, als sei er gar nicht anwesend? Auffällig war, dass für manche Kinder das Spielzeug und seine Funktionen einfach wichtiger waren als Menschen, egal, ob es sich um die Mutter handelte oder sonst jemanden. Was wie Sachkompetenz und hohe Aufmerksamkeit aussieht, zeigt – im Licht der Ainsworthschen Interpretationen – auf einmal ein ganz anderes Gesicht. Dieses Kind, so ihre Vermutung, hatte sich schon ganz abgekoppelt von Bindungen und Beziehungen zu Menschen, war ganz versunken in die Funktion des Spielzeugs. Die Gegenstände und ihre Logik waren ihm wichtiger als »Personen«.

Die vorbehaltlose Zuwendung an die fremde Person bedeutete ebenso wie die stoische Konzentration auf das Spiel keineswegs ein hohes Maß an Selbstbewusstheit. Sie zeigte entweder Bindungsarmut: Mama oder jemand anderer – wo ist der Unterschied? Das Kind gliederte seine Beziehung zu anderen Personen gar nicht erst nach unterschiedlichen Intensitäten von Bindung auf, vielmehr schien ihm fast alles und jeder gleich, gleichgültig oder ungültig.

Andere Kinder gerieten bei der Rückkehr der Mutter in erhebliche Aufregung. Sie liefen auf sie zu, klammerten sich und krallten sich an Mamas Schulter oder Hals, so heftig, dass die Mutter sie abwehrte. Du tust mir doch weh, aber die Kleinen wussten nicht genau, was Wehtun ist. Sie hatten Gefühle für andere nicht im Austausch mit Mama gelernt, nicht verinnerlicht. Nicht genug.

Beide Verhaltenstypen nannte Ainsworth »unsicher gebunden«, unterschied sie aber in zwei Untergruppierungen. Ich komme darauf zurück. Nun das »sicher gebundene« Kind, wie ist sein Verhalten zu erklären? Leicht verstört reagierte der Kleine, als Mama den Raum verließ, so behutsam sie es auch tat. Er schaute auf, vielleicht runzelte er die kleine Stirn auf eine Art, wie es nur Kinder in den ersten Lebensjahren vermögen, eine flüchtig beunruhigte Regung, die die gesamte Muskulatur und die Prägung des Gesichtes veränderte. »Mama ist weg« war ein bedeutungsvolles Ereignis für ihn, das zeigte diese Regung. »Mama ist weg« hätte beinahe eine Katastrophe sein können. Manche dieser Kinder verzogen sogar ihr Gesicht, als wollten sie nun losweinen. Aber dann trat die Bindungssicherheit ein. Mama ist weg, das ist schon irgendwie traurig, aber gleich kommt sie ja wieder, das weiß ich ganz genau. Gleich ist Mama wieder da.

Von dieser Gewissheit getragen, überwanden sie ihre Unruhe und ihr Misstrauen und konnten sich mit einer gewissen selbstverordneten inneren Ruhe nun doch den Spielzeugen zuwenden. Spielzeuge sind immer verführerisch, für sicher gebundene Kinder ebenso wie unsicher gebundene. Da gibt es keinen bedeutsamen Unterschied. Aber in den Versuchsanordnungen der »fremden Situation« zeigte sich, was spätere Studien bestätigen sollten: Die gut und sicher gebundenen Kinder hatten offenbar einen viel freieren Umgang mit dem Spielzeug, verhielten sich kreativer. Ihre Freude am Spiel wirkte, nachdem sie das erste Unbehagen überstanden hatten, freier und gelöster. Sie befanden sich seelisch ja auch in einem von Verlässlichkeit geprägten Zustand. Deshalb war ihr Spiel nach einiger Zeit fast sorglos. Angesichts der Geschicklichkeit, mit der sie Klötze aufeinanderstapelten oder kleine Verharkungen in den Spielzeugen auseinanderzuzerren versuchten, wirkten sie sehr konzentriert. Spielen ist eine Leistung für ein einjähriges Kind. Wenn zwei Klötzchen aufeinander liegen bleiben, dann ist das eine enorme Bestätigung. Wer sich in einer verlässlichen Spielwelt bewegt, freut sich von Herzen darüber.

Dann kam also die Fremde hinzu. Anders als bei unserem »unsicher gebundenen« Kind, das zwischen dem ihm zugehörigen Menschen und der Fremden, der nicht-zugehörigen, seelisch kaum unterscheiden konnte, reagierte unser Kind beunruhigt. Das ist ja eine Fremde, die ist ganz anders als Mama oder Papa. So tief diese Gefühle für Mama und Papa verankert waren, so tief war auch die Befremdung. Fremd ist sie, irgendwie anders. Am liebsten wäre mir, sie würde weggehen. Und wieder ist es die Bindungsgewissheit, die das Kind dann aus anfänglichem Misstrauen doch zu einer zögerlichen kommunikativen Geste verleitet. Was soll ihm schon geschehen? Mama kommt ja gleich zurück. Nichts kann passieren. Ganz unmöglich.

Zögernd also, aber letztlich doch ohne Misstrauen wendet sich dieses Kind der Fremden zu, reicht ihr, wie unser »unsicher gebundenes« Kind auch, das eine oder andere Teilstückchen der Materialien, aus denen das Spielzeug bestand, wendete sich aber keineswegs vorbehaltlos und schon gar nicht breit grinsend und lockend der Fremden zu. Unser »sicher gebundenes« Kind wusste genau zu unterscheiden, wie weit es sich auf eine Fremde einließ und wo es, ganz anders als bei Mama, Distanz wahrte. Wo also zeigt sich wohl die höhere kommunikative Kompetenz? Bei dem Kind, das sich jedem Fremden offen zuwendet, oder bei dem, das sich eine gewisse Zeit von Distanz herausnimmt und in seiner Zuwendung prinzipielle Unterschiede zwischen vertrauten und unvertrauten Menschen zeigt? Die Antwort liegt auf der Hand: Nein, die spontane Offenheit von Kindern – nicht nur einjährigen, sondern ebenso von acht- oder zehnjährigen – besagt nichts über ihre Kontaktfähigkeit und erst recht nichts über eine früh verankerte Unterscheidung zwischen bedeutsamen und weniger bedeutsamen Personen. Bedeutsamer als Mama ist für ein »sicher gebundenes Kind« überhaupt niemand auf der Welt.

Die »fremde Situation«, wie gesagt, ist das klassische Vorbild ähnlicher Untersuchungen, die in den nächsten dreißig, vierzig Jahren folgten. Bevor wir uns die Ergebnisse von zwei weiteren renommierten Studien anschauen, versuchen wir uns ein wenig intensiver in den Seelenzustand der unterschiedlich gebundenen Kinder zu vertiefen.

In der Fremde –
Kinder im Experiment
»fremde Situation«

George ist noch ganz klein, ein Jahr und zwei Monate. Er krabbelt auf allen vieren, wenn ihn ein Spielzeug entzückt – und ihn entzückt eigentlich alles und jedes, Spielzeug oder nicht! Heute ist er allerdings gehemmt, fast ein wenig verängstigt. Kein Wunder, seine Mama ist mit ihm in einem großen langgezogenen Klinikgebäude angekommen. Jetzt werden sie durch Gänge geleitet, in denen ein merkwürdiges Neonlicht schimmert, das George noch nie gesehen hat. Er kneift mal vorsichtshalber die Augen fest zusammen. Und dann kommt auch noch eine freundliche, aber eher rundliche Frau auf ihn zu, schüttelt Mama die Hand – was George missbilligt, weil er auf Mamas Arm hin und her geruckelt wird – und will anschließend auch noch ein paar Worte an ihn, George, richten. Wenn das so weitergeht, fühlt George, werde ich gleich anfangen zu weinen – seine Mutter spürt seine Unruhe, dreht sich ein wenig von der lieben dicken Frau weg und flüstert ihm leise Worte ins Ohr.

George liebt leises Geflüster, damit verabschiedet sich Mama abends immer vor dem Schlafengehen. Dann muss er allerdings erst einmal gewaltig losschimpfen, damit sie noch eine Geschichte vorliest. Dann flüstert sie wieder und zu guter Letzt singt Mama ein Einschlaflied und George brummelt mit. Dann ist die Welt in Ordnung. Beinahe ist sie jetzt auch wieder in Ordnung. Die fremde Dame, die eine hoch angesehene Wissenschaftlerin ist – was George aber nicht weiß und ihn nicht im Geringsten interessiert –, hat eine Tür geöffnet. George reckt neugierig die Nase: Aha, da hinten im Eck erkennt er eine dieser Sachen, die ihn wie gesagt entzücken. Jetzt strampelt er und will runter von Mamas Arm – das Spielzeug wartet! Man kann förmlich sehen, wie die kleinen Autos und eine Puppe ihm ungeduldig entgegenblicken. George rutscht auf allen vieren zu ihnen hin und versinkt in sein Spiel.

Inzwischen hat sich die Tür hinter der fremden Dame, die Wissenschaftlerin ist und Mary Ainsworth heißt, geschlossen. George und Mama sind allein im Raum, was George sehr behagt. So soll es sein: Er spielt und Mama wartet in aller Ruhe, bis er keine Lust mehr hat. Aber diesmal wartet Mama nicht lange auf ihn, sie beugt sich zu ihrem kleinen Sohn hinunter, flüstert wieder und George hört nur das Wort »fort«. Das missfällt ihm allerdings erheblich. Mama wendet sich auch tatsächlich zur Tür, George schaut jetzt aufmerksam hoch – »wo will die hin?«. Sie sagt ein paar beruhigende Sätze, und bevor er jetzt doch anfängt zu weinen, überwiegt ein Gefühl von Gewissheit: Sie kommt schon wieder, keine Sorge, jetzt ist sie weg – soll ich jetzt losheulen, nein, mach ich nicht, bin ja groß! Außerdem ist sie ja gleich, gleich wieder da! Für George ist das eine felsenfeste Tatsache, so sicher wie Abend und Morgen oder Regen und Sonne.

Also wendet er sich vergnügt und nur ganz wenig irritiert wieder dem Spielzeug zu, zumal das Auto offenbar eine fehlerhafte Vorderachse hat, an der George eifrig herumfummelt, dreht, schiebt. Das blöde Ding bewegt sich nicht richtig, will nicht rollen. Es handelt sich offensichtlich um das unfähigste Auto aller Spielzeugwelt-Zeiten – und dann wird George schon wieder abgelenkt. Kein Wunder, dass die Vorderachse blockiert! Bei dem ewigen Tür-auf und Tür-zu kann sich kein Automonteur auf seine Arbeit konzentrieren.

Was ist passiert? Eine Frau hat den Raum betreten, nicht heimlich, aber langsam und leise. George schaut sie an mit einer kurz aufschimmernden Hoffnung im Herz – ist Mama wieder da? Aber das ist sie ja gar nicht. Vielmehr steht eine fremde Frau im Raum. In diesem Haus scheint es von fremden Frauen nur so zu wimmeln. Immerhin, nett sieht sie aus, schlank ist sie auch, genau wie Mama, und sie lächelt nett, nicht breit grinsend wie diese eine Kindergärtnerin, die George nicht leiden kann, sondern richtig nett. George schaut sie an, und dann wendet er sich wieder dem Auto mit der Vorderachse zu. Er hat jetzt erheblich Sinnvolleres zu bewerkstelligen, als fremde Frauen anzustarren. Sie bleibt ganz ruhig stehen. Dann scheint es, als überlege sie einen Moment, kniet sich neben George auf den Boden, greift wie zufällig zu der Puppe und beginnt, mit ihr herumzutanzen.

Nun sind tanzende Puppen absolut nicht Georges Ding. Andrerseits wirkt dieser Tanz ziemlich komisch. Guck mal, wie die hopst, dann halb durch die Luft segelt, erst auf dem Kopf landet und dann auf den Po fällt. Das ist lustig. George grinst anerkennend, er hat aber etwas Zeit verloren. Die Sache mit der Vorderachse duldet keinen weiteren Aufschub. George zieht die Stirn kraus, sein Gesicht ist rot vor Eifer. Wenn die fremde Dame jetzt das Auto mit der kaputten Vorderachse an sich genommen hätte, um sie mal ganz schnell zu reparieren, hätte George laut losgebrüllt. Aber sie ist klug, diese Puppentänzerin. Sie schaut nur, seufzt leise über die störrische Vorderachse, ganz so, wie George vorher auch geseufzt hatte, und widmet sich wieder ihrer Puppe. Mit der kann man hervorragend spielen, kein Zweifel!

Drei Minuten sind vergangen, fast wie im Flug, findet George. Da wird die Tür erneut geöffnet und Mama kommt zurück. George freut sich gewaltig, lässt sogar die Vorderachse liegen und krabbelt Mama entgegen, die ihn sofort mit allen Anzeichen der Freude auf den Arm nimmt. So ein großer Junge! George strahlt. Der fremden Frau winkt er beim Verlassen des Raumes noch kurz zu – der Puppe auch. Und ab nach Hause!

John strahlt, weil er immer strahlt. Auf den Fluren der Baltimore University, wo Mary Ainsworth ihre Verhaltensbeobachtungen mit ca. einjährigen bis eineinhalbjährigen Kindern durchführte, raste er sofort los – viel zu schnell, auf wackeligen Beinen. John war immer mit allem ganz früh dran, seufzt die Mutter. John rennt, tobt, rast hierhin, dorthin, fällt auf den Boden mit einer Wucht, dass einem Betrachter der Atem stockt, und robbt und rennt weiter. Die Begrüßungen nimmt er kurzfristig interessiert zur Kenntnis, wirft einen knappen Blick auf die Versuchsleiterin und ist schon wieder unterwegs, eine fahrbare Ablage hat es ihm angetan. Den Raum, in dem das Verhaltensexperiment geplant ist, betritt er ohne Scheu. Kein kurzes Einhalten, kein Blick zurück auf Mama – wo sind wir denn hier –, John hat schon wieder vielerlei interessante Gegenstände entdeckt, für Gefühle hat er keine Zeit. Das Auto, diesmal ein größerer Laster, ein gelber Bagger daneben, erregt seine Aufmerksamkeit. Die Puppen sind ihm egal. Alles, was technisch ist, was man fix zusammenbauen oder total auseinandernehmen kann, das fasziniert ihn. Er beginnt sein Spiel, ohne einen weiteren Blick auf Mama oder die Versuchsleiterin zu verschwenden, die inzwischen den Raum verlassen hat. John hat sie schon wieder vergessen, aber nicht nur sie, sondern die komplette Umwelt gleich mit.

John versinkt in sein Spiel, hört nichts mehr und schaut nicht auf – auch nicht auf Mama. Er wirkt jetzt auf den ersten Augenschein hin hoch konzentriert, das ist aber ungenau beobachtet. Zwei Dinge fallen einem geübten Betrachter auf: John beginnt sofort, das Auto auseinanderzunehmen. Wo George sorgfältig die Störung der Gesamtfunktion, des fahrenden Autos, überprüfte und zu reparieren – zu heilen – versuchte, da zerrt John an einem Rädchen, fummelt das Gummi vom Rad, versucht eine Achse von Chassis zu lösen, zuletzt reißt er sie herunter – seine Aufmerksamkeit hat alle Anzeichen von Destruktion. Aber John will gar nicht zerstören. Er will eigentlich nur wie andere Kinder auch erkunden, wie dieses erstaunliche Gefährt zusammenhängt. Was ihn von den »sicher gebundenen« Kindern unterscheidet ist dies: Er erkennt die gefügte Ordnung eines Autos, eines Baggers oder auch einer Puppe gar nicht. Er ist zwar konzentriert, aber überkonzentriert – überfokussiert lautet die fachliche Bezeichnung. Er sieht immer nur die einzelnen Dinge, den Reifen, die Achse, und erkennt sie nicht in den Zusammenhängen, in denen sie überhaupt erst Sinn machen. Deshalb repariert er nicht. Heilen kann man nur, wenn man ein inneres Bild eines funktionierenden Autos, einer heilen Puppe im Kopf hat. John hat nur eine verwirrende Fülle von isolierten Details im Kopf. Also kann er gar nicht sinnhaft einfügen, die Achse in ihrer Bewegung beobachten und Störungen im Bewegungsablauf erkennen. Er kann gar nicht erfassen, dass ein Rad blockiert, wenn der Gummireifen abgezogen ist oder schief hängt – kurzum: John fummelt und zerrt und alles ergibt keinen Sinn und zeigt auch keine Erfolge. Zum Schluss liegt das Auto halb kaputt und funktionslos in der Ecke, die Puppe wurde zur Seite geschmissen – John hat es gar nicht richtig mitbekommen, sie war ihm halt im Weg – und die Spielecke erweckt den Eindruck eines Chaos oder schlimmer noch, eines Spielzeugfriedhofs.

So sieht es auch in Johns Seele aus. Sein Übereifer erlischt, er hockt ratlos vor den vielen Dingen, die keinen Sinn machen. Seine Konzentration hat nichts mit einem

Spiel zu tun, auch nicht – wie Psychologen gern voreilig interpretieren – mit verdrängter oder offener Aggression, sondern einfach mit Verständnisarmut. Die Welt mit ihren vielen bunten funktionierenden oder zufälligen Dingen ist für John ein einziges Rätsel. Deshalb schaut er so verwirrt, jetzt fast schon gelangweilt, seine übermäßige Konzentration zerfällt wie ein Schneemann bei Tauwetter – John weiß nicht weiter.

Die Mutter hat inzwischen den Raum verlassen, John hat es nicht bemerkt. Damit nähern wir uns schon der Auflösung des Rätsels, wie es zu Johns merkwürdigen Verhaltensweisen – und zu seinen sinnlichen Unordnungen – gekommen ist.

Inzwischen öffnet sich die Tür, und dieselbe junge nette Dame, die auch George schon besucht hatte, kommt herein. John reagiert anders als George, nämlich offener, kommunikativer. Wieder möchte das pädagogische Klischee darin positive Verhaltensweisen erkennen: Offen sein für alles Neue, kommunikativ und vertrauensvoll einem fremden Menschen zugewendet, sehr selbstbewusst bei all dem – ist das nicht gut so? Ist es nicht. Jedes seiner kommunikativen Signale verweist auf ein seelisches Problem. John macht kurz gesagt keine Unterschiede. Ob Mama oder eine fremde Frau oder die Wissenschaftlerin, eigentlich sind ihm alle ziemlich gleich und fast gleichgültig. Er taxiert eher, welchen Nutzen er von ihnen haben könnte. Kann die neue Frau vielleicht die Autos in Ordnung bringen? Oder die ganze chaotische Ecke aufräumen? Das würde John gefallen. Anders gesagt: Er hat sehr entwickelte, oft sehr fix gedachte funktionale Beziehungen zu Menschen im Kopf. Seine Gefühle bleiben dahinter zurück. Sie sind blass.

Ja, er erkennt schon, welcher Mensch ihm sympathischer ist oder nicht. In wenigen Jahren wird der kleine George auf Männer – besonders sehr kräftige, mit tiefen, brummenden

Stimmen und einer gewissen gutmütigen Ausstrahlung – zugehen und mit ihnen Kontakt aufnehmen. Kinder wie John suchen immer einen »starken Papa«. Aber Gefühle ganz ohne Zweck und Nutzen kennt John kaum. Sein offen charmantes Lächeln, das er wie viele »unsicher gebundene« Kinder zeigt, meint eigentlich niemanden und alle. Niemand Besonderen. Es ist eine kommunikative Funktion, keine Empfindung.

All dies zeigt sich in großer Deutlichkeit, als die Mutter zurückkommt. John hebt den Kopf, halb interessiert. Wieder wirkt es so, als taxiere er die nunmehr erneut veränderte Situation eher, als dass er sie emotional erlebe und entsprechende Reaktionen zeige. Er lächelt, Mama lächelt bemüht zurück. Man spürt ihre Unsicherheit. Mütter unsicher gebundener Kinder sind keineswegs lieblose Mütter, aber fast immer sehr hilflose. Soll sie ihren Sohn in den Arm nehmen? Oder einfach fast regungslos neben ihm stehen bleiben? Inzwischen hat die »Fremde« den Raum leise verlassen. John winkt ihr nach. Aber wirkliches Bedauern zeigt er so wenig wie Freude bei der Wiederkunft seiner Mutter. Er wendet sich auch schon wieder ab, dem Auto zu, fasst nach dem Bagger, der trotzig und stabil Johns beschädigende Aktionen überstanden hat, schaut ihn an und legt ihn schnell zur Seite. Seine Geste zeigt: Was soll ich damit? Ich möchte spielen – aber ich weiß nicht, wie es geht. Wie Spielen gelernt wird und wie viele Kontakte, Berührungen, Erkundungen dabei im Spiel sind, zeige ich S. 40 ff. John ist ein von aller Welt verlassenes Kind, sogar von seinem Spielzeug.

Sicher gebundene Kinder, unsicher gebundene Kinder – das war die erste grobe Kategorisierung, die Mary Ainsworth und ihre Mitarbeiter entwickelten. Aber das Raster war zu grob. Zu viele Verhaltensweisen, die beidem nicht zuzuordnen waren, zeigten sich im Verlauf der Experimente. Eine dritte Kategorie kam hinzu, die vor allem für die Betrachtung der sogenannten hyperaktiven Kinder, unserer Zappelphilipps, die die Schulhöfe und Klassenzimmer beherrschen, von großer Wichtigkeit ist.

Der kleine Sean ist unruhig, das fällt sofort auf. Er zappelt auf Mamas Arm herum, will hierhin und dorthin – er ähnelt John. Er ist, was einem erfahrenen Blick sofort auffällt, ein »unsicher gebundenes« Kind. Aber in einer zentralen Verhaltensweise unterscheidet er sich doch von John, was die Forscher dazu veranlasste, eine dritte Kategorie einzuführen, die sie »ambivalent gebunden« nannten. (Es gibt auch noch eine vierte, die wir der Übersichtlichkeit wegen weglassen – Forscher neigen zu einer gewissen Pingeligkeit, zur Überformalisierung, die keinen zusätzlichen Erkenntnisgewinn bringt.) Damit ist Folgendes gemeint: Seans Bindung an Mama ist intensiver als die des kleinen John. Beim Betreten des Raumes klammert er sich ängstlich an sie – ihm ist alles unheimlich. Man sieht es ihm an.

Er benötigt ausführliche und behutsame Erläuterungen, wozu das Spielzeug in der Ecke steht: »Schau nur, was da steht, was damit angestellt werden kann, wie hübsch das Auto aussieht, schau nur die Puppe, sie wartet auf dich …« Seans Mama ist keineswegs eine grobe harte Frau. Mütter unsicher und ambivalent gebundener Kinder haben in aller Regel selber eine schwierige, oft traumatisierende Kindheit erlebt oder sind in den letzten Schwangerschaftswochen oder den ersten Monaten nach der Geburt in eine komplizierte Lebenssituation geraten. Die Gründe dafür sind vielfältig. Sean beginnt zögernd zu spielen. Dann gewinnt er, wie alle Kinder, endlich Interesse an dem Spielzeug, dem Rollen der Räder, ärgert sich wie alle Kinder über die sperrigen Vorderreifen und wie den meisten Jungen ist auch ihm die Puppe schnurzegal.

Nur als Mama den Raum verlassen will, da zeigt sich ein Unterschied zu George und sogar zu John: Seine Miene verfinstert sich. Er wirkt, als habe ihn ein Unrecht getroffen, und mit eben diesem finsteren Gesichtsausdruck wendet er sich wieder dem Spiel zu. Seine Geste wirkt nicht gleichgültig, sondern resigniert und böse. Geh du nur, ich brauch dich sowieso nicht! Dabei hat es den Anschein, als würde er jeden Augenblick aufspringen wollen und Mama, die jetzt vorsichtig die Tür schließt, hinterherrennen.

Eine junge Frau, die »Fremde«, betritt den Raum. Sean verhält sich unauffällig, er betrachtet sie mit neutralem Interesse, lässt sie mitspielen. Sie nimmt wieder die Puppe in die Hand. Erst als sie auch noch sein Auto, an dem er sich ebenso heftig wie John zu schaffen macht, anfassen will, zeigt er einen widerwilligen, schon wieder bösen Gesichtsausdruck und zieht das Modellauto mit heftiger Geste von ihr weg. Sonst ist er mürrisch, gleichgültig, das bleibt auch so, während sie versucht, Kontakt zu ihm aufzunehmen. Es wirkt so, als höre er ihr kaum zu, wäre da nicht das Lächeln, das er gelegentlich auf die ein oder andere Bemerkung hin zeigt, oder das kurze Anheben seines Kopfes, das eben doch Aufmerksamkeit signalisiert. Aber sie hält nicht an. Sein Blick geht rasch und wieder mit einer gewissen abrupten Heftigkeit von der Frau weg und seinem Spielzeug zu. Als sie aufsteht, hebt er kaum den Kopf. Auf Wiedersehen, sagt sie. Er nickt kaum merklich.

Mama kommt zurück. Und nun ereignet sich eine kindliche Reaktion, die sich klar von der Georges und Johns unterscheidet und deshalb zur Einführung einer dritten Bindungs-Kategorie führte. Sean richtet sich mürrisch auf, dann lacht er urplötzlich breit und freudig, als sei ihm Mamas Rückkehr erst jetzt zu Bewusstsein gekommen, rennt ungestüm auf sie zu und klammert sich an sie. Klammert sich fest an ihrem Bein, umfängt ihren Rock und will nicht wieder loslassen. Als sie ihn zu sich hochhebt, schaut er sie – nun wieder mürrisch geworden – an und dann, urplötzlich, ist sein Gesicht nicht nur mürrisch, beleidigt, sondern böse, schlägt er nach Mama, trifft ihren Kopf, gleichzeitig klammert er weiter wie zuvor, legt seine Ärmchen um ihren Hals, drückt und presst, als sei Mama gar kein fühlender Mensch, sondern ein toter Gegenstand, von dem er nicht lassen kann.

Er klammert innig und zeigt zugleich alle Zeichen von Abwehr – dieses unaufgelöste Spannungsverhältnis ist typisch für eine bestimmte Art von »Bindungsunsicherheit«, der wir bei den sogenannten ADHS-Kindern wieder begegnen. Hin zu Mama – aber Mama ist nicht verlässlich, ist nicht stabil genug eingebunden in seine Gefühle, verschafft ihm weder Ruhe noch Vertrauen. Mama ist nur ungestillte Sehnsucht und ein heftiger Wille. Das »gute Mutterbild« ist in Sean nicht verankert. Wir schauen uns diese seelische Verfassung in dem folgenden Kapitel genauer an.

Unstillbar und unheilbar, frühe Wunden

Frühkindliche Bindungsstörungen beschädigen die »Kohärenz« des Selbst, es wird durchlässig. Ihm fehlt die Unterscheidungskraft zwischen Ich und Welt, Innen und Außen. Die innere Verfassung wird nur unvollkommen von den äußeren Gegebenheiten unterschieden. Alles, was »bindungsunsicheren« Menschen zustößt, fließt gleichsam distanzlos und ohne den kleinsten Widerstand tief in sie hinein. Ihr Erleben ist von einer immensen Empfindsamkeit gekennzeichnet – wir werden gleich sehen, welche Folgen das hat. Selbstverletzungen, die unter jungen Mädchen dramatisch zunehmen, Essstörungen, (vgl. S. 42) auch die Hyperaktivität der Jungen (vgl. S. 140, 184), die wie eine Epidemie um sich greift – im Kern all dieser Persönlichkeitsstörungen finden sich Bindungsnöte in den ersten Lebensmonaten als auslösender oder verstärkender Faktor.

Bindungsnöte ist ein sehr nüchternes Wort, es handelt sich um seelische und körperliche Traumatisierungen, die in den prägendsten Lebensmonaten und Jahren zugefügt werden. Oft sind sie leicht zu erkennen. Misshandlungen und Schlimmeres sind auffällig genug und mittlerweile wächst auch unter Ärzten und Pädagogen die Aufmerksamkeit dafür. Daneben gibt es aber auch unauffälligere seelische Verletzungen. Sie werden hervorgerufen durch die Ablehnung oder Gleichgültigkeit im mütterlichen Blick, oder durch die Abwesenheit oder den Verlust des Vaters – oder alles gemeinsam. Solche nicht auf den ersten Blick erkennbaren »Mini-Traumata« pressen auf Dauer genau dieselben Verhaltensstörungen in die Psyche wie schwere Formen von Vernachlässigung.

Am Anfang steht die »unsichere« Bindung an die Mutter. Sie erzeugt Not: *»Mama schaut mich nicht an, sie antwortet mir nicht«.* Nie erscheint jener Glanz im Gesicht der Mutter, von dem der Psychotherapeut Heinz Kohut so schwärmerisch spricht. Es handelt sich um eine lautlos schreiende Not. Merkwürdigerweise – oder verständlicherweise – können gerade solche traumatisierten, beschädigten Menschen als Jugendliche und noch als Erwachsene nicht von »Mama« lassen. Die Ambivalenz zum Mütterlichen – »ich hasse Mama, aber ich habe sie doch so lieb!« – hat sich allzu nachhaltig eingeprägt. Sie haben nicht die Kraft, derartige innere Spannungen auszuhalten und auszugleichen.

Stattdessen täuschen sie sich selbst. Also wird Mama idealisiert: Die Kindheit war »bis auf wenige Ausnahmen« geradezu perfekt. Mama war – »manchmal allerdings nicht« – fürsorglich und immer für ihr Kind da. Mama bleibt der große illusorische und bedrohliche Schatten, der das Leben der Bindungsgestörten begleitet. Die Kränkungen werden verdrängt, suggestiv ersetzt durch glücklichere, oft nur eingebildete Erlebnisse. Das Böse darf nicht sein. Aber das Verdrängte ist trotz solcher gewaltigen seelischen Anstrengungen ja nicht verschwunden. Es drängt sich in vielfachen Tarnungen wieder auf.

Um sich solche seelischen Überforderungen zu ersparen, spalten bindungsgestörte Menschen ihre bösen Erinnerungen ab. Ohnmacht, Leere und Hilflosigkeit verbergen sie in ihrem Inneren wie ein in Zement gegossenes Gefäß. Da liegt es dann, wie ein Block, wie ein Fels, dem Bewusstsein nicht zugänglich und trotzdem alles Seelische behindernd. Jeder frohe Moment im späteren Leben wird, wenn er eintritt, davon getrübt. Warum ist das so? Die Antwort fällt leicht. Würden sich diese verletzten Menschen ihre dunklen Gefühle eingestehen, dann wäre der seelische Preis extrem hoch. Die bitterbösen Erinnerungen würden ihr ohnedies unsicheres Fundament vollends erschüttern.

Aber damit ist ihr Drama immer noch nicht ausreichend beschrieben. Wir müssen einen gedanklichen Schritt weiter gehen: Jeder Mensch braucht das verinnerlichte Bild der guten Mutter. Kein Kind kann ohne sie überleben – seelisch nicht, vermutlich nicht einmal körperlich. Nun hat ja auch die kränkende, bindungsunsichere Mutter ihr Kind immerhin gestillt und genährt, gewärmt und umsorgt, vielleicht mürrisch und überfordert, aber sie hat es getan. Sonst wäre ein Hineinwachsen des Kindes in die Ordnung der Welt unmöglich gewesen. Nie hätte es Sprache, nicht die geringste Kommunikationsfähigkeit, kaum Gefühle erworben. Aber auch bindungsgestörte Menschen haben durchaus Sprache, haben Gefühle, kennen Versorgtsein und vor allem die Sehnsucht danach – wenngleich meist in verzerrter, entstellter Gestalt. Auch in ihnen, so seltsam es klingt, lebt die »gute Mutter«, genauer gesagt, die verinnerlichte Repräsentation des positiven Mutterbildes. Gleichzeitig hat sich die andere Mutter auch in die Erfahrung eingesenkt. Die keifende Mutter, die bei dem geringsten Anlass strafend und böse schaute und ihr Kind mit kalter Stimme maßregelte, oder die Mutter, die zuschlug. Die Folgen sind furchtbar.

Denn nun werden zwei widersprüchliche Bilder von Mama und in minderer Intensität auch von Papa gespeichert – die gute und die böse Mutter, der gute und der böse Vater. Das gute und das böse Elternbild: Beide sind und bleiben seelisch lebendig. Wären die böse Mutter oder der abwesende Vater, wären all die traumatisierenden Enttäuschungen restlos verdrängt, dann könnte sich ja trotzdem ein einheitliches Selbst, ein kohärentes Selbstgefühl über diesem weggedrängten Trauma aufrichten. Aber das Trauma ist nicht vergessen, es ist nur ins Unbewusste abgeschoben worden, es bleibt wirksam. So wird die Seele zerrissen zwischen ganz widersprüchlichen Mama- und Papa-Bildern. Der nicht auflösbare Widerspruch erzeugt einen Riss, der die Seele spaltet.

Was daraus folgt, liegt auf der Hand: Solche Menschen sind hin- und hergerissen zwischen Zu- und Abneigung. Das betrifft zuerst Mama oder Papa, dann alle anderen Menschen auch. »Ambivalent verstrickt« lautet die diagnostische Bezeichnung dafür. Ihre seelischen Zustände und Empfindungen sind allesamt von dieser grundsätzlichen Zerrissenheit, vom ewigen »hin und her« geprägt. Sie kommen nie zur Ruhe, nie »zu sich selber«.

Ich muss mal wieder zu mir selbst kommen, sagen wir, wenn wir aufreibende Tage hinter uns haben und ganz erschöpft sind. Die bindungsunsicheren Kinder sind immer erschöpft, ein ganzes Leben lang. Sie haben eine unsichere Einschätzung von sich selber und ebenso von allen Menschen, die sich in ihrem Leben einstellen. »Unsicher« ist milde formuliert. Ihre Selbsteinschätzung ist gespalten wie ihre Psyche insgesamt. Mal halten sie sich für ungewöhnlich begabt oder schreiben sich eine besondere Tiefe oder außergewöhnliche Sensibilität zu: »In meinem im Innersten, meinem verborgenen Charakter, bin ich ganz anders, als ihr alle wisst!« Dann wieder versinken sie, oft kurze Zeit nach solchen Höhenflügen, in Depression und Selbstanklagen und -zweifel.

Die Regulation ihres Selbstwertes ist gestört. Das kann ja auch gar nicht anders sein. Nur eine frühe verlässliche Bindung zu Mama ruft die Fähigkeit hervor, das Selbstgefühl stabil zu erwerben und Störungen auszugleichen. Lebensnotwendig ist beides, denn Kränkungen stoßen jedem Kleinkind vom ersten Tag an zu. Zum Beispiel dauert es für dieses neue Wesen, das noch ganz ohne Zeitgefühl ist, wenn der Hunger quält, unerträglich lange, bis Mama endlich erscheint und den Hunger stillt. Bis dahin haben sich schon markante Empfindungen von Ohnmacht und Haltlosigkeit eingeprägt. Nach solcher Erschütterung muss dann schnellstens Mama als Trösterin her! Ihr Geruch, ihre Stimme, ihre Haut, ihre Brust, ihr Lächeln machen alles wieder gut.

Macht Mama alles »wieder gut«, dann fördert sie bei ihrem Kind von Mal zu Mal die Fähigkeit zur »Selbstregulation«, zum Ausgleich der Gefühlsextreme. Ist die Bindung ganz fest verankert, dann kann die kindliche Psyche in verblüffend kurzer Zeit aus Ohnmacht und Wut zu einem vergnügten Weltgefühl zurückkehren. Aber wenn Mama »nicht da ist«, wenn nichts »wieder gut« wird, was ist dann? Dann stauen sich die extremen Gefühle, werden weggedrängt und sind trotzdem immer da. Irgendwann brechen sie auf! Solche Fehlentwicklungen zeigen sich fast immer schon in den ersten Lebensmonaten und zeigen sich noch im Jugend- und Erwachsenenalter.

Bindungsverarmte Kinder werden früh auffällig. Ständig sind sie von ihren Emotionen überwältigt. Mal glühen sie vor Freude über einen Sieg nach einem simplen Spiel. Dann reagieren sie gereizt und aggressiv auf freundliche Zuwendungen, als wären sie gar nicht in der Lage, etwas anderes als immer nur die Zwänge aus ihrem Inneren wahrzunehmen. Vertrauen gibt es so und so nicht. Vertrauen hätte gelernt werden müssen, und dazu hatten sie nie eine Chance. Alles ist ohne Maß, alles überflutet sie.

Hinzu kommt nun das beschriebene zerrissene Bild der verinnerlichten bösen und guten Eltern. Es verdunkelt die Psyche. Solche Zwiespältigkeit auf dem Hintergrund einer basalen Selbstunsicherheit ist unerträglich, sie wird ganz nach außen, in die Umwelt, verlagert. Besonders werden diejenigen davon betroffen, die den bindungsverarmten, traumatisierten Menschen besonders nahestehen, der Geliebte etwa, der Ehemann oder der allerbeste Freund oder die beste Freundin. Im Erwachsenenalter nehmen solche hoch ambivalenten Beziehungen einen fast schon regelhaften Verlauf an. Ich skizziere im Folgenden die weibliche Seite, die männliche fällt kaum anders aus.

Zunächst wird ein neuer Partner idealisiert. Die »Bindungssuchende« schwärmt von ihrer Liebe. Aber sie tut es so überschwenglich, als müssten sie sich beim Reden selber von der Wahrheit ihrer Worte überzeugen. Doch dann reicht schon die leiseste Irritation, manchmal eine Krankheit oder eine Erschöpfung, und der vormals idealisierte Mensch wird von seinem Sockel gestoßen. Jetzt wird die eigene Selbstentwertung an ihm ausgelebt. Er erscheint als Versager, als ein »Looser« – wie konnte sie sich nur so täuschen lassen! Mit dem Zusammenbruch wird das ehemalige »Ideal« nicht nur entwertet. Es wird als feindlich empfunden. Der verfolgt mich! Was sie da in Wahrheit »verfolgt«, das ist natürlich die bitter und hart gewordene eigene Sehnsucht. Die muss abgewehrt werden. Bindungsunsichere Menschen setzen sich permanent zur Wehr, gegen alles und alle, die sie enttäuschen könnten, und das ist im Prinzip die ganze Welt.

Wir haben nun verstanden, dass es Bindungsnöte sind, die dieses Seelenspiel beherrschen. Die unzureichende Mutter ist als »böse« verinnerlicht. Ihre negativen Anteile wurden vom Kind als Anteile des Selbst »verinnerlicht« und müssen nun, weil sie unerträgliche Spannungen und depressiv geneigte Selbstzweifel hervorrufen, auf die Außenwelt abgelenkt werden. Je näher diese Außenwelt die zerrissenen Emotionen berührt, desto heftiger erfolgt die Abwehr in Form einer Projektion. Im Jugendalter trifft sie den meist älteren, »angebeteten« Jungen auf dem Schulhof: »Der mag mich garantiert nicht, schau doch, wie blöd ich aussehe«. Aber wehe, der Angehimmelte nähert sich diesem unsicheren Mädchen. Nach kurzer Zeit bleibt nichts als Enttäuschung. Oder die Projektion richtet sich auf einen Lehrer: »Der mag mich nicht, was hat der gegen mich, der nimmt mich nie dran!« Eigentlich treffen die Projektionen jeden, der emotional und existenziell irgendwie bedeutsam sein könnte. Es sind Ambivalenzen, seelische Risse, angestaute widerstrebende Gefühle und Sehnsüchte, zu deren Ablenkung vornehmlich Mädchen ab der beginnenden Pubertät zu Selbstverletzungen an Armen und Oberschenkel greifen. Die Jungen reagieren entgegen einem weit verbreiteten Klischee zunächst eher eingeschüchtert und traurig. Dann urplötzlich können allerdings kaum bezähmbare Aggressionen aufbrechen (s. S. 196 ff.).

In späteren Liebesbeziehungen verlieren diese negativen Dynamiken schließlich jedes Maß. Davon erzählen die beiden folgenden Kapitel. Für den bindungsverarmten Menschen ist alles ganz klar: Natürlich war es der einst geliebte, der täuschende Mann (oder die feindliche Frau), die die Lebenskrise herbeiführten. Aber rings um ihn, den »Feind«, sieht es auch nicht besser aus. Dem traumatisch gekränkten Menschen erscheint die ganze Welt verfolgend und kalt. Wieder wehren sie sich, die bindungsverarmten Menschen, wieder ohne Maß. Die seit der Kinderzeit gesammelte und aufgestaute Aggressivität drängt entlang ihrer verzerrten Wahrnehmungen zu unbeherrschbaren Ausbrüchen, die sich zunehmend gegen sie selber oder ihr Liebstes, die Allernächsten, oft die eigenen Kinder wendet. Jetzt, am Ende ihrer Irrwege, können sie ihrem Unglück endlich freien Lauf lassen. Sie tun es mit reinem Gewissen.

Bilder einer weiblichen Destruktion

Sie hat ihn geliebt, rein und klar, wie nur ein kindliches Gemüt lieben kann. Sie hat sein wahres Gesicht nicht gesehen, nur die Maske, die ihr und ihrer Umgebung so verführerisch erschien.

Eine bindungsverarmte Frau sucht fast ausschließlich nach dem beschützenden Vater. Der geliebte Mann muss, damit sie für eine gewisse Zeit seelisch zur Ruhe kommt, der ideale »gute Vater« sein, den es für sie so nie gegeben hat. Freilich muss er seine »Position« in ihren Gefühlen in einer so eindeutigen, unwiderlegbaren Weise wahrnehmen, dass ihre zweifelnde Seele endlich einmal zur Ruhe kommt und die bitteren inneren Stimmen beschwichtigt werden. In solchen »glücklichen« Lebensphasen wirkt sie seelisch fast ausgeglichen. Nur gelegentliche, nahezu unmotivierte Wutausbrüche irritieren das scheinbar heile Bild.

Die Ahnung, dass alles nur Schein sei, verlässt sie freilich keine Sekunde lang. Da rumoren die zerrissenen Elternbilder in ihr. Der von ihnen hervorgerufene Riss quer durch die Psyche will solche positive Klarheit nicht zulassen. Von Anfang an liegt sie deshalb auf der Lauer. Ist er wirklich treu, der maßlos Geliebte? Noch im schönsten Liebesmoment durchdringt sie die Angst: Was wird aus mir, wenn seine Liebe nur Lug und Trug ist? Mein Gott, wer hilft mir dann?

Auch jetzt gibt es keine Verlässlichkeit, weder in ihr noch außerhalb von ihr. Die Liebe steigert ihr Misstrauen, das Misstrauen steigert die Wut. Sie bricht immer häufiger aus, und der tatsächlich liebevolle Mann erschrickt, irritiert von der Bedenkenlosigkeit, mit der sie ihre Wut wie ihre Attacken auslebt, und nicht minder verstört von der Tatsache, dass es für ein solches Ausmaß an Zorn keinerlei Anlass gegeben hat. Unberechenbarkeit und Wut begleiten dieses Paar von Anfang an und steigern sich verhängnisvoll.

Irgendwann sagt er: Gibt es denn niemals eine Stunde Ruhe mit dir, nie ein sicheres Gefühl für uns beide? Wohin soll ich denn mit meiner Zuneigung, wenn sie nie eine Antwort findet? Damit hat er sich verraten. Sie hat es ja von Anfang an gewusst. Er misstraut ihr, obwohl ihre Liebe klar und durchsichtig ist. Würde er sie wirklich so lieben, wie er beteuert, dann würde er diese Reinheit doch erkennen. Er erkennt nichts, denkt sie. Er kann nichts erkennen, denn er selber ist ja verlogen, eigentlich ist er überhaupt eine einzige Lüge und Verstellung. Sie muss sich retten, sie muss sich wehren. Sie tut es.

Nun ist schon alles vergeblich geworden. Wie immer er auf ihre Aggression antwortet, sie durchschaut ihn. Freundlichkeit empfindet sie als Verstellung, Verständnis empfindet sie als tückischen Versuch, sich in ihre Seele einzuschleichen, um wer weiß welches Unheil in ihr anzurichten. Seine freundlich verstehende Wärme nimmt sie ihm als fatale Strategie übel. Zugleich verübelt sie ihm paradoxerweise, dass er ihrer Wut und der Dynamik ihrer Enttäuschungen nicht mit Härte und Kälte begegnet. Würde er sie schlagen, dann käme sie vielleicht doch zur Ruhe. Manche bindungsverarmten Menschen, überwiegend Frauen, bitten in ihren maßlos verwirrten Seinsverfassungen ihre Partner ganz ausdrücklich um Körperstrafe. Verweigert er sie, weiß sie endgültig, dass er sie im Stich gelassen hat. Schlägt er wirklich zu, hat er nicht nur ihre, sondern zugleich die Empörung der ganzen Umwelt gegen sich. Diese wiederum stützt und legitimiert ihre Wut. Die Schwägerin hat es ja auch gesagt! Die eigene Mutter, der sie sonst kein Wort glaubt, sagt es ebenfalls. Das hätte doch keiner von diesem freundlichen Mann erwartet, dass er zuschlägt.

Jetzt weiß sie es ganz sicher: Seine Liebe, sein Vertrauen und seine Zärtlichkeit sind nichts als Lügen. Seine Reaktionen sind in gewisser Weise eine Bestätigung, ein Triumph für sie: Alle Empörungen und Erniedrigungen ihrer Kindheit findet sie im Verhältnis zu diesem Mann wieder. Er hatte mit seiner Liebe das frühe Unheil aus der Versenkung hervorgeholt.

Ja, ihre Existenz ist tragisch, im direkten Sinn: Sie ist ohne die geringste Aussicht auf einen Ausweg. Irgendwann geht er oder sie verlässt ihn, wütend und brennend vor Enttäuschung. Die Wut hört erst auf, wenn sie einen anderen Mann gefunden hat.

Neurophysiologische Unterschiede der Stressreaktionen zwischen sicher gebundenen und unsicher vermeidend gebundenen Kindern

Eine sehr ähnliche biologische Verfassung, wie sie aus den Tierexperimenten bekannt sind, fanden Forscher bei Kindern, die entsprechend der Klassifikationen von Mary Ainsworth (vgl. S. 139 ff.) als »unsicher gebunden« eingestuft worden sind (oder in weiteren Untergruppierungen als »unsicher ambivalent« oder »unsicher vermeidend« eingeordnet wurden). Diese bindungsverarmten Kinder sind nicht nur in ihrem Verhalten, sondern auch in ihrer Physiologie von »sicher gebundenen« unterschieden. An der Universitätsklinik Freiburg hat Karl Scheidt dazu Untersuchungen angestellt, die er so zusammenfasst: »Die Menge des Stresshormons Cortisol im Speicher der unsicher vermeidend gebundenen Kinder nach der Trennung ist im Vergleich zu den sicher gebundenen deutlich erhöht, obwohl man ihnen den Stress äußerlich nicht anmerkt.«

Darüber habe ich in einem anderen Kapitel schon berichtet (vgl. S. 138): Gerade die unsicher gebundenen Kinder zeigen oft ein kooperatives, dem Gegenüber freundlich zugewandtes Verhalten. Aber es täuscht. Das hat weitgehende Konsequenzen für die Erforschung kindlichen Verhaltens. Auf der rein beobachtenden Verhaltensebene kann man oft nicht erfassen, was in einem Kind vorgeht. Vielmehr müssen jede Beobachtung und erst recht alle empirisch quantifizierenden Daten analytisch vertieft werden. Vielleicht gelingt es der Neurophysiologie ja tatsächlich, solche, bisher nur dem analytischen Denken zugängliche Tiefen der Seele auch biologisch auszuloten. Aber bislang sind wir davon weit entfernt.

Vergebliche Liebe,
keine Vergebung

Warnungen gab es genug. Sie passten doch nicht zusammen, die unruhige, spontane, mal zupackend aktive, mal depressiv verängstigte Frau und er, ein Mann, der sein Einkommen hatte, seine Bildung, seine Freude an Kunst und Ästhetik. Viele warnten. Aber sie haben natürlich beide nicht zugehört. Er nicht, weil er sich gefiel in dieser gelassenen Großzügigkeit, die seinem Selbstbild so sehr entsprach und die er nun in den Augen und der Stimme dieser Frau bestätigt fand. Und sie nicht, weil sie diesen Gott benötigte. Eine Nummer kleiner ging es nicht, sie brauchte einen Gott, der sie herausriss aus allem, allen Bindungen, allen Beziehungen, aus ihrer ganzen traurigen Biographie. Das kann ein normaler Mensch nicht, das kann nur ein Gott. Deshalb vergötterte sie ihn.

Gegenüber einem Gott ist ein realer Mensch immer eine Enttäuschung. Es kann gar nicht anders sein. Auch dieser Mann war eine Enttäuschung. Doch was die Sache noch schwieriger machte, sie durfte es sich nicht eingestehen. Der Rücksturz in eine miese soziale und seelische Existenz, falls sie ihn verlassen würde, war zu furchtbar. Sie musste krampfhaft an der Idealisierung festhalten, damit sie überlebte.

Deshalb drängte sie auf eine Heirat. Alles sollte ganz fest und gesichert sein. Doch mitten in ihrem Drängen spürte sie ihren Zweifel, den sie sofort wieder erstickte. Bloß nicht dran denken! Dies und das störte sie schon, das merkte sie bald. Die Hosen, die er trug, waren längst nicht so erotisierend wie die Hosen anderer Männer, jüngerer Männer. Auch die Art, wie er sich auf seine Arbeit konzentrierte und sich dabei gelegentlich von ihr abwandte, ertrug sie kaum. Jede Abwendung war ein Desaster, aber zu viel Nähe hielt sie auch nicht aus.

Die Wahrheit war, dieser Mann hätte tun können, was immer er wollte, es wäre falsch gewesen. Falsch deshalb, weil er kein Gott war. Sondern eine Enttäuschung. Eine leise, drückende, mahnende. Und ein Gefühl von Enttäuschung, das sofort heftig abgewehrt wurde. Nein, sie ließ es sich nicht zu, dass sie enttäuscht war. Je heftiger ihre Furcht wurde davor, dass sie ihre wahren Gefühle nicht länger verbergen könnte – nicht vor sich selber, nicht vor ihm –, umso höher erhob sie ihn. Jetzt vergötterte sie ihn nicht nur, sie rutschte auf den Knien. Seelisch jedenfalls und manchmal auch körperlich. Auch das machte sie ihm zum Vorwurf. Keine menschliche Seele will immer nur anbeten und auf Knien hocken. Keine menschliche Seele will immer nur ein Gegenüber, das so viel anders, so viel mehr ist, das nicht in Frage gestellt werden darf und keine wirklichen Gespräche, die das Innerste berühren, keinen Austausch der Gefühle zulässt.

Sie klagte nun auch viel, aber immer hinter seinem Rücken. Die eine oder andere Freundin, die Schwägerin (inzwischen war die Hochzeit beschlossen und es war ein recht freudloses Ereignis) wurde zu ihrer vertrauten Partnerin am Telefon. Da klagte sie, dass sie immer nur an zweiter Stelle käme, dass sie immer nur unwichtiger und weniger sei als er, der Mann. Sie hing an ihm und zugleich stellte sie ihn auf einen Sockel, der ihn von ihr fernhielt. Dass er so weit weg war von ihr, machte sie ihm dann zum Vorwurf. Dass er so hoch stand, hoch über ihr, das rechnete sie ihm jetzt übel an. Das hält doch kein Mensch aus, klagte sie, und die einfühlsamen Freundinnen und die verständige Schwägerin stimmten ihr zu. Ja, er ist schon ein interessanter Mann, aber immer so hochtrabend, so ehrgeizig, so egozentrisch. Man kommt gar nicht richtig an ihn heran.

Freilich wäre sie an ihn herangekommen. Hätte sie ihn tatsächlich und nicht nur in Worten in ihre Nähe gelassen, dann hätte er sie mit ihren Bindungsnöten konfrontiert, ihrem schwierigen Verlangen nach Liebe, das sie zwar heftig wünschte, aber selber nicht erfüllen konnte. Deshalb inszenierte sie dieses höchst komplizierte Manöver, in dem die Ferne des Mannes zugleich Bedingung ihrer Liebe und Anlass ihrer Klage war.

So hielt sie es aus mit sich selber. Ihr Gefühl, nie und niemandem in ihrem Leben zu genügen, konnte sie unter ihren Klagen verbergen. Solange sie klagte, fühlte sie sich beinahe heil und ganz. Der Mann gab ihr Anlass zur Klage, schon das machte ihn unverzichtbar. Sie musste nur die Illusion der Liebe zu ihm aufrechterhalten. Ihre Liebe legitimierte die Klage ja erst. Die Freundinnen und andere Frauen nickten, sie hörten ihr zu, sie empfanden in gewisser Weise etwas Ähnliches. Es war eine Art dunkler trüber Gemeinschaft, die sie um sich versammelte.

So bewegte sie sich von Monat zu Monat, von Jahr zu Jahr. Eine müde Ehe, ganz anders als es die Anfänge versprochen hatten. Ein trauriges Zusammenleben, ganz ohne Einssein. Denn wäre er mit ihr eins geworden, dann wäre er mit ihr gemeinsam auf eine Ebene des tatsächlichen Erlebens, der wirklichen Gefühle gerückt. Dann wäre erkennbar geworden, welche Not sich hinter ihrem Sehnen und Klagen verbarg. Das dürfte nicht sein. Ihre Gefühle erschöpften sich in ihrer Ambivalenz. Vielleicht hat sie den Mann unterhalb ihrer unfertigen Gefühle ja tatsächlich beinahe geliebt.

Damit sind wir bei den früh versäumten Bindungen, die diese Frau quälten.

Hätte der Mann eine wirkliche Chance gehabt? Nein, es war doch alles schon entschieden, viele Jahre vorher, bevor sie ihn kennenlernte. Alles war schon festgelegt, alles in harte seelische Strukturen geronnen, von Anfang an und dann wiederholt in diesen hundert und tausend Missstimmungen, die ihre erwachsenen Tage und Nächte durchzogen. Dazu kam ihr tiefes Gefühl, nicht und niemals zu genügen, ja eine Art »Dreck« (ihr häufigstes Wort) zu sein, nie zu bestehen, niemals. Vor allem nicht angesichts ihrer Mutter und ihres Stiefvaters, auf deren soziales Niveau und bäuerliche Herkunft sie herabschaute, obwohl sie sich manchmal danach zurücksehnte. Dort war alles weniger anstrengend, dort wurden kaum Zeitungen gelesen. Dort gab es keine Bücher, keine Reflexion, kein Nachdenken über dies und das und vor allem nicht über sich selber. Hier wäre sie geschützter gewesen. Aber sie schaute auf ihre Eltern herab, und je mehr sie es tat, desto näher fühlte sie sich ihnen, so wie sie sich dem Mann immer ferner fühlte, je mehr sie ihn über sich stellte. Warum war das alles so? Wie hatte dieses Unglück begonnen?

Ganz früh hatte es begonnen, wie fast jedes seelische Unglück, wie fast jede seelische Wunde, die nicht heilen mag. Als sie geboren wurde, war ihre Mutter in einer verzweifelten Situation. Eine schöne Frau, aber was half ihr Schönheit in diesem bäuerlich gestimmten kleinbürgerlichen Milieu? Eine Frau sollte nicht schön sein, sondern versorgt. Sie sollte ein moralisch einwandfreies Leben führen und einen Mann haben, der alles regelt. Sie hatte keinen Mann, sondern einen Liebhaber und der war kurz vor der Geburt der Tochter davongelaufen. Sie wollte nichts mehr von ihm wissen. Aber ihr Herz war schwer. Genauer gesagt, ihr Herz war leer. Wo früher die Sehnsucht war, war jetzt nichts mehr. Das ist schwer auszuhalten für eine junge Frau, vor allem dann, wenn sie gerade Mutter geworden ist.

Inmitten dieser wirbelnden mütterlichen Depression wuchs das kleine Mädchen auf. Von den immer traurigen und gehetzten Augen ihrer Mutter empfing sie zwar Zuneigung, aber eine, die mit Trostlosigkeit und Müdigkeit verwoben war. Seelisch gebunden an eine solche müde Seelenarmut der Mutter begann sie, ihre Sinne auf die Umwelt zu richten. Ein sehr kleines Kind benötigt unbedingt die Mama als Halt und Schutz, wenn es sich einer fremden Umwelt aussetzt und sie mühsam lernend, manchmal ängstlich erkunden will. Aber diese Mama hatte kein Vertrauen, weder zu sich noch zu ihrem Leben, und ihre Tochter wurde zwar geliebt, war ihr aber auch eine fast unerträgliche Last. Ambivalenz war es, was die frühesten Bindungen und Welterfahrungen dieses Kindes prägte. Ein Kind kommt damit nicht zurecht, schon gar nicht im ersten Lebensjahr.

Die Situation wurde unerträglich. Die junge Mutter war überfordert, restlos überfordert sogar – ein Gefühl, das sich im späteren Leben ihrer Tochter ständig wiederholen sollte. »Ich bin überfordert«, sagte sie wie ihre Mutter. Sie sagte es ein ganzes Erwachsenenleben hindurch.

Als sie ihren ersten Sohn bekam, bestätigte sich ihre Klage. Ja, überfordert war sie, jeder konnte es sehen. Als sie den zweiten Sohn bekam, sagte sie »wegen Überforderung« eine Weiterbildung des Arbeitsamtes ab, zerstörte ganz zum Schluss sogar die finanzielle Basis ihrer gemeinsamen Ehe mit dem vergötterten Mann, weil sie, wie sie sagte, einen »Burn-out« habe. Immer überfordert, ein Leben lang. So hatte sie es früh gelernt.

Die Überforderung ihrer Mutter war auch die Ursache dafür gewesen, dass sie von ihr, von »Mama«, getrennt und zur Großmutter gegeben wurde. Von außen betrachtet ein vernünftiger Schritt. Aber die Seele eines kleinen Mädchens ist nicht vernünftig, sondern sehnsuchtsvoll. Sie fand sich dann aber bei der Großmutter gut zurecht. Den Schmerz und den Verlust der leiblichen Mutter verarbeitete sie dadurch, dass sie die zweite Mutter, die Großmutter, »vergötterte«. »Ich habe meine Großmutter geliebt«, das sagte sie noch als 30-Jährige und wiederholte es als 40-Jährige. Sie redete oft von ihrer Großmutter, nicht selten vier- oder fünfmal an einem einzigen Tag. Die Großmutter stand im Zentrum ihres Lebens, aber es war ein unseliges Zentrum.

Wohl gab es einige Jahre der seelischen Ruhe im Haus der Großmutter. Aber auch diese Ruhe war keine, die bis in die innigsten Tiefen ihrer Seele reichte. Denn ganz tief lag ja die Trennung von der leiblichen Mutter. Deren Stimme, deren Schritte, deren Körper sah und hörte sie jetzt nur noch selten. Sie empfand fast nichts, wenn Mama zu Besuch kam. Aber unter dem Nichts-Gefühl wogte eine sehnsuchtsvolle Wut, vermengt mit Angst. Die immer mal wieder auftauchende »Mama« beschädigte die relative Ruhe der Jahre, die ihr bei der Großmutter zuteil wurden. Es war die trotzdem beste Zeit ihres Lebens, eine bessere sollte nicht mehr kommen.

Aber sie wurde abrupt unterbrochen. Ihre Mutter hatte in der Zwischenzeit eine weitere Tochter geboren, von einem anderen Mann. Ihre Situation wurde immer unklarer, immer unseliger. Die junge Mutter stürzte sich mit all der Verwegenheit, zu der junge Frauen auf der Suche nach dem Glück in der Lage sind, von dem ersten Mann, der sie verlassen hatte, auf den nächsten Mann, der sie auch verlassen sollte. Wieder kurz vor der Geburt des Kindes. Und dann schien sie doch noch Glück zu haben, endlich einmal eine glückliche Fügung in ihrem Leben. Sie traf einen, der war vertrieben, der hatte kaum noch etwas, ein Handwerker, ein bodenständiger Mann. Er kam ihr gerade recht. Ob sie ihn liebte? Diese Frage ist angesichts der katastrophalen Lebenssituation gar nicht zu beantworten. Es reichte, dass er ihr wie ein Strohhalm erschien, der sie möglicherweise aus den Wirren ihres Lebens retten würde. Sie heiratete ihn oder er heiratete sie.

Er nahm sie auf in sein Haus; vielleicht hat sie ihn ja geliebt. Ein bescheidenes Haus, irgendwo in einem östlichen Land, ein mehr oder minder von ihm selber zurechtgezimmertes Haus. Er konnte stolz darauf sein. Es war das Werk seiner Hände und es war stabil. Aber die junge Frau hatte andere Träume.

Sie träumte den beiden verlorenen Männern nach, und wenn sie sich diese Träume verbot, dann traten andere, anonyme Gesichter an ihre Stelle. Gesichter, die noch perfekter, noch schöner, noch traumähnlicher waren als die ihrer verflossenen Männer. Die Frau träumte und träumte, und ihre Träume zerplatzten an der bescheidenen Realität, in der sie sich nun zurechtfinden musste. Sie fand sich auch zurecht, aber abfinden konnte sie sich nicht. Sie verfiel Zug um Zug in Traurigkeit, und die Traurigkeit verdichtete sich zur Depression. Jetzt war auch bei ihr alles entschieden. Das Leben wurde abgewehrt, alle Freude wurde zur Belastung, jedes Treffen mit Freunden oder Verwandten wurde zu einer Erschwerung ihres ohnehin so schweren Lebens. Am liebsten war sie ganz allein, aber den Mann konnte sie ja nicht zur Seite schieben. So waren sie zu zweit allein.

Ausgerechnet diese fatale Situation traf die kleine Tochter an, als sie von der Großmutter weggerissen und zur Mutter und in deren neues Zuhause gebracht wurde. Wahrscheinlich geschah es aus einem Gefühl der Verantwortung, das ihre Mutter und deren Mann teilten. Sie meinten es »gut«. Aber die Trennung von der Großmutter war für das Kind die zweite Katastrophe, die zweite Bindungsnot. Erst ging Mama verloren. Dann kam die Ersatzmama, die Großmutter, und ersetzte Mama im Herzen des Kindes (jedenfalls fast). Dann ging auch sie verloren.

Mit ihren fünf Jahren kehrte das kleine Mädchen zur

Mutter zurück. Sie traf auf ein Milieu, das dem der groß-
herzigen Großmutter nicht im Geringsten ähnelte. Sie traf
auf ein ärmeres Milieu, das von den Klagen der Mutter und
des Stiefvaters durchzogen und von der Härte der Kindheit dieses Mannes geprägt war. Das Kind hatte Störungen,
Lernstörungen, mit der Rechtschreibung kam es nicht klar:
Dies alles lässt sich auf frühe Bindungsnöte zurückführen.
Aber das wussten die Eltern nicht, die Lehrer auch nicht.

In deren Köpfen raunten die alten Ideale von Disziplin
und Gehorsam – wie es in Bestsellern der Gegenwart wieder der Fall ist. Sie verstanden nichts, sahen nur die Fehler. Die mussten abgewöhnt werden und bestraft. Das Kind
musste dressiert werden, weil »aus ihm etwas werden sollte«. Das Kind wurde geschlagen, vielleicht jeden Tag, wie
sie es als erwachsene Frau behauptete, vielleicht selten, wie
sie es als erwachsene Frau ebenfalls behauptete. Ihre Erinnerung war ungenau und unsicher, so wie ihre ganze seelische Verfassung ungenau und unsicher war. In den Momenten ihrer Verzweiflung und ihres Zorns war sie das ge-
prügelte Kind, das sich kaum bewegen durfte, ohne sofort
gemaßregelt zu werden. In glücklicheren Phasen erinnerte
sie sich auch an Momente ihrer Kindheit, in denen sie mit
den Nachbarskindern verbunden war, Freunde hatte, sogar Lehrer, die sie mochten und sich um sie kümmerten.
Eigentlich hatte sie gar keine Vergangenheit, sie hatte nur
austauschbare Erinnerungsbilder.

Sie wurde gedrillt, und der Drill wirkte. Ihre Schrift
wurde jetzt regelmäßig, aus lauter Angst, wie erstarrt in den
vorgeschriebenen Zeichen und der Grafik des Alphabets.
Sie schrieb fast immer fehlerfrei, aber dabei konzentrierte
sie sich nur auf die Befolgung der Regeln und der alphabe-
tischen Form. Was dort geschrieben stand, der Inhalt, das
Gefühl, die Sinnhaftigkeit dessen, was sie las, erschloss sich
ihr kaum.

Da war ein merkwürdiger Widerspruch in ihrem Lesen und Lernen: Wenn sie ganz allein war, ganz vertieft in ein Buch, ganz ohne Kontrolle und ohne Angst, dann verfügte sie eben doch über all jene Fähigkeiten, die unter dem Drill fast verloren gegangen waren. Dann las sie mit inniger Intensität. Dann verschmolz sie geradezu mit dem Gelesenen, fühlte mit den Helden und den Verfolgten ihre Geschichten mit. Die große Wunde, die ihr in früher Kindheit zugefügt wurde, erhielt in diesen gegliederten Schriftzeichen plötzlich eine Ordnung. Sie verwebte sich mit dieser Ordnung, sie liebte diese Schrift, aber sie hatte ja fortwährend Angst. Und darin verschwand ihre Ausdauer. Ihre Konzentrationsfähigkeit war begrenzt, die Schriftzeichen ermüdeten sie sehr schnell, sie musste ja immer wachsam, immer auf der Hut sein. Dann ging alles wieder verloren. Sie hatte ein tiefes Vermögen, komplexe, auch literarische Werke zu verstehen und zu empfinden, und gleichzeitig zwängte ihr Leben sie in eine Unruhe, die dieses Vermögen verstummen ließ. Sie war ein schlankes Mädchen, ja ein dünnes, sie wirkte wie fortwährend von kalten Winden durchweht, wie geschüttelt und getrieben. Eine enorme Verletzlichkeit ging von ihr aus und hinter dieser Verletzlichkeit verbarg sich ein zorniger kalter Wille. Damals schon, sie sollte nie mehr zur Ruhe kommen.

So wuchs sie auf, viel zu unruhig, um aus ihrer Begabung etwas Gefügtes, etwas Stabiles zu entfalten. So schloss sie die Schule ab, viel zu früh. Ihre Intelligenz hätte für mehr ausgereicht. Aber mehr kam angesichts dieses sozialen Milieus gar nicht in Frage. So trieb sie hin, ihrer Mutter sehr ähnlich. Immer von Sehnsucht durchzogen und immer unfähig, ihrer Sehnsucht im Leben eine klare Gestalt zu geben und sie mit einem realistischen Ziel, mit realen Menschen und realen Beziehungen zu verknüpfen. Sie hatte, kaum 18 Jahre alt, eine Affäre mit einem älteren Mann, einer, der ihr durch seine Autorität imponierte, durch sein grobklotziges Auftreten. Einer, der ihr wie ein kleiner König in ihrem Milieu erschien. Einer, der mit einem Gewehr herumlief und gern schoss. Einer also, der immer an der Grenze zur Gewalt lebte. Den heiratete sie. Von dem bekam sie ein Kind, das sie innig liebte und doch nicht lieben konnte. Wiederum wie ihre Mutter.

Der Mann war natürlich eine Katastrophe. Er war kalt und grob. Die feineren Schwingungen ihrer Seele, die aus ihrer Bindungsnot erwachsene Intuition, konnte er weder teilen noch verstehen. Die Sexualität zwischen ihnen war immer eine Art Unterwerfung. »Er hat mich vergewaltigt«, sagte sie später. Wieder war ihr ganz unklar, ob sie wirklich eine Vergewaltigung meinte oder nur ihren frustrierenden Alltag in einem erkalteten Ehebett.

Mit dem Kind, einem Jungen, begann der zweite Akt ihrer Tragödie. Es ist alles so regelhaft, wirkt so festgelegt, von Anfang an. Der Junge war hyperaktiv, was denn sonst. Vielleicht spielten genetische Dispositionen eine Rolle, ganz sicher spielte die dramatische Geburt, in der sein Gehirn für kurze Zeit nicht mit Sauerstoff versorgt wurde, eine Rolle. Die biotische Vorgeschichte ähnelt der von »Schreibabys«. Er war auch eines. Doch kam ein zweites hinzu und das war für das Verhalten des Jungen vermutlich ausschlaggebend: die unglückliche Geschichte seiner Mutter, ihre Bindungsnot, ihre Unfähigkeit, eine Liebe festzuhalten, ohne von kaltem Zorn zerrissen zu werden, das Abrupte in ihren Gesten, die rasch wechselnden Stimmungen. Das Kind fand keinen Halt und keine Ruhe an ihr. Sie liebte es innig, in gewisser Weise »heftig«. Zu heftig für ein Kind, das vor allem nach Beständigkeit ruft. War es ein Wunder, dass er für nichts Geduld hatte, für nichts ein feines Gefühl, für nichts Aufmerksamkeit und Geduld? Er war hyperaktiv.

Sie lag oft weinend und ganz erschöpft vor dem Bett ihres Kindes. Sie liebte ihn, daran gab es keinen Zweifel. Aber sie konnte sich eine Liebe ohne Erschöpfung und Verzweiflung gar nicht wirklich vorstellen.

Sie verließ den Mann, und das war ein richtiger Entschluss. Man darf sich nicht täuschen, unter all ihrer Not und Depression verbarg sich auch ein starker Wille. Sie wusste schon im Großen und Ganzen, was gut für sie war und was ihr schadete. Sie konnte sich durchsetzen. Nur dass dieser starke Wille immer wieder durchzogen wurde von einem besinnungslosen Zorn. Das machte den Willen nicht stärker, wie sie glaubte, sondern schwächer, zielloser, irrationaler und verständnisloser für sie selber und für die anderen, für ihr ganzes Leben. Daran sollte sie später scheitern.

Ein neuer Mann trat in ihr Leben und wieder ahmte sie das Schicksal ihrer Mutter nach. Sie wurde erneut schwanger, wieder ein Sohn. Dieser zweite Junge war schlau, das zeigte sich schon im frühesten Alter. In gewisser Weise spiegelte er all die Intelligenz, über die sie verfügt hätte, wenn ihr Leben glücklicher verlaufen und nicht in einer sozialen Misere versunken wäre. Der Junge war aufmerksam, er richtete seine Konzentration auf diejenigen Dinge, die ihn faszinierten. Andere Spiele, die im Kindergarten gespielt wurden, interessierten ihn nicht. Absolut nicht. Er weigerte sich, er verschloss sich in sich selber und lehnte die Gemeinschaft der anderen ab. Insgeheim hatte er wohl auch Sehnsucht nach anderen Kindern, das kann gar nicht anders sein. Kinder sind Gemeinschaftswesen. Das ist ihre Natur. Die Art, wie er sich von allem trennte, sich absetzte und seinen einsamen Interessen folgte, stur und unberührt, das ist nicht kindliche Natur, das ist erzwungen. Erzwungen von der eigenen Lebensgeschichte und der Vorgeschichte seines Lebens, der Biographie der Mutter und der Biographie der Großmutter. So verhängnisvoll ist das und ausweglos, eine Tragödie nach antikem Vorbild. Alles geschieht zwangsläufig, ohne Freiheit, ganz ohne Wahl, fast ohne Individualität. Alles verläuft mit einer teuflischen Folgerichtigkeit!

Dieser Junge war in all seinen Lebensäußerungen lustlos. Woher hätte er auch Lust, dieses heftige, unmittelbare, sorglose Gefühl lernen sollen? Von der Mutter? Vom Bruder? Von der Großmutter? Nein, er hatte nie eine Chance, Lust zu entwickeln! An deren Stelle setzte er seine Trägheit, die zum großen Teil Abwehr eines anderen, eines frohen und lustvollen Kinderlebens war. Er wurde nicht dumm dabei, sondern immer schlauer. Sein Blick war ein beobachtender. Er war ja nie »mittendrin«. Aufgaben verstand er schnell, viel schneller als die Stimmungen seiner Schulkameraden. In sozialen Situationen fühlte er sich eigentlich immer hilflos. Aber wie etwas funktionierte, wie die Dinge zusammenhingen, eine Kausalität und eine starre, aber konsequente Ordnung in allem und jedem, das konnte er sofort erkennen. Das war seine seelische Welt.

Die beiden, Mutter und Sohn, hielten zusammen wie Pech und Schwefel, sagte man. Ihre Freundinnen bewunderten sie, sie schwärmten geradezu von der Liebe dieser Mutter zu diesem auffälligen Kind. Aber es war kaum Liebe, eher eine seelische Not, die die beiden verband. Eine Liebe, die die beiden von der Welt absetzte, abkapselte. Eine Liebe ohne Bezug nach außen, eine egoistische, in der freilich nicht das Ego eine der beiden, sondern die ineinanderfließenden beiden Egos die Substanz bildeten. Liebten sie sich also, diese beiden? Wie Mutter und Sohn oder wie zwei, die in gleicher Not waren? Solche Schicksale führen uns zu der Frage, was Liebe eigentlich ist. Sicher war es Liebe, eine unruhige, hilfesuchende, unendlich sehnsuchtsvolle. Ist das etwa keine Liebe? Doch, das ist sie! Aber eine, die zu keinem guten Ende führt.

Was für eine Liebe war es? Es war eine mächtige Liebe. Sie hatte Macht über sie, ganz ähnlich wie der Mann, mit dem sie die zweite Ehe einging, später Macht über sie haben sollte. Aber es war eine Liebesmacht, in die ihre Not eingeschmolzen war. Der Sohn war die Mitte, das Zentrum des mütterlichen Lebens. Seine Existenz war ihr Privileg. So empfand er es als Kind, als Jugendlicher auch noch. Es war ein Privileg für die anderen, wenn er mit ihnen spielte. Nur die anderen Kinder empfanden es nicht so. Sie fühlten seine hochmütige Abwehr und sie klingelten nicht mehr bei ihm an.

Das weckte wiederum Sehnsucht bei ihm, Sehnsucht nach einem »echten« Leben, einem richtig kindlichen. Dann wartete er verzweifelt und oft vergeblich darauf, dass es an der Haustür klingelte und sich ein Freund meldete. Aber er hatte nur ganz wenige Freunde, und je mehr er sich in seiner privilegierten Position, seiner Einzigartigkeit, seinem »ich bin anders als die anderen« verbohrte, desto seltener klingelten sie. Sein Selbstgefühl, sein Selbstbewusstsein war zugleich seine Not. So war das.

Der Sohn wurde zu einer Enttäuschung. In der Grundschule noch schlau, in einem psychiatrischen Gutachten als »beinahe hochbegabt« eingestuft, sackte er doch mit der beginnenden Pubertät immer weiter in seinen Schulleistungen ab. Freunde hatte er wenig. Und Spaß am Leben fast gar nicht. Das warf sie ihm vor. Sie warf ihm damit vor, dass er ihre Selbsttäuschungen ent-täuschte. Ihre Selbsttäuschungen waren, dass sie immer ein mutiges, ein freies und selbstbewusstes Leben geführt hatte. Warum waren die beiden Söhne so anders? Vor allem er, der den wichtigsten Platz in ihrem Herzen, den der erste so lange besetzt und dann ganz und gar verloren hatte. Warum versagte er, zeigte nicht dieses erfolgreiche freie Leben, von dem sie schwärmte?

Sie war enttäuscht, fast schon verbittert. Ob sie ihren Sohn immer noch liebte? Manchmal konnte sie diese Frage gar nicht beantworten. Manchmal wollte sie solche Fragen auch nicht hören. Und dann beschwor sie in traurigen Stunden dennoch ihre Liebe zu dem ersten, dem hyperaktiven und dem zweiten, dem depressiv-autistischen Sohn. Sie hatte beide in ihr Herz geschlossen. So war es wohl auch. Ihr Herz war fähig zur Liebe, aber die Liebe war immer nur eine Sehnsucht.

So verlief auch die Bindung an den dritten Mann, der sich nach einer Frau sehnte, die sich ihm frei und selbstbewusst näherte, ohne Angst und ohne Zwang, ohne den Sog der Vergötterung, der ihn in ständige Posen zwang, während er gern selbstverständlich und frei gewesen wäre. Dazu war sie nicht fähig. Sie verstand nicht, wovon die Rede war, wenn er ihr mitunter ganz vorsichtig anzudeuten versuchte, was er unter Nähe, Vertrauen und Liebe verstand. Nein, sie begriff ihn nicht, nicht tief in ihrem Herzen. In ihrem Herzen wohnten ganz andere Gestalten. Erinnerungen, die Biographien ihrer beiden Kinder, ihrer Mutter, ihres Stiefvaters, die Ohnmacht und die Trennungen, die bittere, die früheste Kindheit. Die Stimme des Mannes blieb matt dagegen, seine Gestalt schwand angesichts der schwindenden »Vergötterung«, die sie ihm hatte anfangs zuteil kommen lassen und durch die er für sie überhaupt erst bedeutsam geworden war. Als ihre Vergötterung abnahm, schwand auch seine Bedeutung. Eigentlich kam er gar nicht mehr richtig vor in ihrem Leben.

Der Mann forderte von ihr, dass sie an seinem Leben teilhabe. Aber dazu war sie zu müde wie ihr zweiter Sohn, zu ängstlich wie ihre Mutter und zu wenig bereit, den realen Dingen des Lebens ihre Konzentration und Aufmerksamkeit zuzuwenden wie ihr erster Sohn. Die Phantasmagorien ihrer Vergangenheit überschwemmten das Bild des Mannes, das immer konturloser wurde, immer ferner, immer gleichgültiger.

Inzwischen war sie 40 Jahre alt geworden. Sie hatte Angst vor dem Alter, und dann ging alles so schnell vorbei. Schon war sie 42, 43. Sie schaute in den Spiegel, sich prüfend in ihrer Unsicherheit, verzweifelt angesichts des Ungenügens an ihrem Selbst, ihrem Spiegelbild. Ihr Mann konnte nichts dagegen tun, er war ja kaum noch vorhanden. Etwas anderes musste her, etwas Kräftiges, Massives, Mächtiges. Etwas, was mächtiger war als er. Dazu musste sie aber erst sein Idealbild ganz und gar zerbrechen. Das fiel ihr ganz leicht. Sie war selber überrascht davon.

An die Stelle des vergötterten Mannes trat nun eine Idee von jugendfrischer Sexualität, von einer Erotik, die sie ein Leben lang nicht empfunden hatte. Ein Ideal vom orgiastischen Sex, das sie mit diesem Mann nicht erleben würde, also wendete sie sich anderen zu. Erst Traumbildern von anderen Männern, dann einem realen Mann. Er war nicht bemerkenswert. Er war nicht verschwistert mit ihrer Seele. Er war einfach nur jünger und im Bett aktiv, das reichte ihr. Er bestätigte ihr, dass ihr wirkliches Leben ganz anders war als das, das sie in der Familie und in dieser Ehe führte. So löste sie sich, Zug um Zug, von dem Mann, von der Ehe, sogar von ihren Söhnen.

Das war der letzte Schritt, mit dem ihre Biographie zurückkehrte zur Bindungsarmut ihrer frühesten Kindheit. Der Mann wandte sich irgendwann ab, auch er nun enttäuscht, was ihr eine gewisse Befriedigung verlieh. Endlich spürt er auch mal, was Enttäuschung ist. Aber in seinen zunächst nur enttäuschten, später überdrüssigen Empfindungen wandte er sich zuletzt ganz von ihr ab. Das war wieder so ein Unrecht. Sie tobte und klagte, wie sie es gewohnt war. Sie verstand die Welt nicht und sich selber erst recht nicht. Sie klammerte sich an die Sexualität und an den idealisierten Orgasmus. Aber auch der wollte sich immer seltener einstellen. Zum Schluss war sie ganz allein, sie hatte niemanden mehr, den sie liebte. Und wurde sie selber geliebt? Eigentlich konnte sie sich gar nicht richtig vorstellen, wie es ist, geliebt zu werden. Sie hat es ja nie gelernt, in ihren ersten Lebenswochen und Monaten nicht, später bei der Großmutter nur aushilfsweise. Und dann war die schöne Zeit schon wieder vorbei, bevor sie in ihrer Seele Prägungen hinterlassen konnte, Prägungen der Liebeskraft. Dann folgte eine trostlose Kindheit, eine schmerzliche, körperlich und seelisch, eine trostlose Ehe, dann schon eine wieder schmerzliche. Und nun der vergötterte Mann, wenn er sie schlagen würde, wäre sie noch verbitterter und doch wäre es eine Erleichterung. Aber er schlug sie nicht, er wandte sich nur ab. Das war die schrecklichste Wendung, die ihr Leben nehmen konnte.

Alles hatte begonnen mit der Bindungsarmut ihrer verwirrten und zur Liebe wenig begabten Mutter. Es endete mit ihrer Not, weil sie zur Liebe auch nicht begabt war, sondern nur konfus um sich selber kreiste und ganz ohne ein tief empfundenes Selbst auskommen musste. So entwickeln sich solche unglücklichen Biographien angesichts früher Bindungsarmut und -not. Diese Not geht fast immer zurück auf die Not der Mutter, und diese wiederum auf die Not der Mutter der Mutter usw. Die Schuld der Eltern wird heimgesucht an den Kindern bis ins dritte und vierte Glied, sagte Jesus. Ein unbarmherziger Satz, aber ein realistischer. Genau so ist es, eine Fatalität, der sich nur die ganz und gar Glücklichen entziehen können!

Eine beinahe glückliche Familie

Eine Pflegefamilie, vier Kinder sind es, zwei davon mit traumatisierenden frühkindlichen Störungen, sie heißen David (10) und Tina (6), daneben noch zwei leibliche Kinder. Auch in dieser Familie gibt es ruhige Minuten, aber sie sind selten und dauern nicht lange. Zwei Minuten, drei Minuten, dann beginnt schon wieder ein Streit. Tina schreit: »Das ist ungerecht.« Diesen Satz stößt sie mindestens fünf- oder sechsmal pro Tag hervor. Sie lebt dauernd in der Angst, dass ihr etwas weggenommen wird, dass sie zu kurz kommt. Dann wirft sie sich manchmal auf den Boden und schreit, bis ihre Lippen blau anlaufen. Alles will sie, aber alles ist nicht genug. Und warum ist das so? Die Welt ist ihr nicht »zugehörig«!

Das frühe traumatische Erleben »Mama ist weg, sie kommt nicht wieder« habe ich in einem anderen Kapitel ausführlich beschrieben (vgl. S. 24). Tina fühlt sich in ihr nicht zu Hause. Insofern hat sie auch nie dieses verlässliche Gefühl, das kleine Kinder eigentlich haben, wenn sie nach diesem oder jenem greifen: Sie greifen zu und fühlen: »Dies ist meins!« Das heißt in eine erwachsene Sprache übersetzt: »Dieses kleine Stück Welt habe ich mir angeeignet, jetzt ist es mir ganz zu eigen.« Kinder brauchen dieses Gefühl, erst dann entwickeln sie ein Feingefühl für die Eigenart der Dinge. Mit diesem heftigen Griff – »das ist meins« – greifen und be-greifen sie gleichzeitig.

Vertrauensvoll richten sie ihre Aufmerksamkeit und ihre Neugier auf die vielfältigen Dinge, die in ihrer Welt herumstehen. Stühle und Teppiche, Schränke und Kissen. Alles ist lustvolles Material zur freien Erkundung. Indem sie ihre Welt erkunden, werden auch sie selber immer »kundi-ger«. Sie entwickeln sich mit dem Begreifen der Dinge, sie werden fortlaufend belehrt von der vielschichtigen bunten Eigenart der Welt. Sie entfalten Feingefühl und Vernunft, alles in einem Vorgang. Diese Objekte sind wie Spiegel, mit denen sie umzugehen lernen und durch die sie sich selber kennenlernen. Die allerwichtigsten Spiegel ihres Selbstver-trauens freilich bleiben Mama und Papa. Sie sind die Ur-bilder. Sie stehen bei all diesen geistigen und körperlichen Abenteuern unerschütterlich im Hintergrund als stabile Gefühlsfelsen in der rauschenden Brandung des Großwer-dens.

Wenn die kleine Tina aber nach den Dingen greift und sie be-greifen will, dann fehlt ihr exakt dieses ursprüngliche »Vertrauen«. Dann schiebt sich ein mächtiges Trauma über ihre Neugier und Freude, dieses alles überschattende Ge-fühl: Mama ist weg! Wenn Tina zugreift, dann ist sie viel zu unruhig und unsicher in sich selbst, um sich die Besonder-heit des Stuhls, des Bauklötzchen oder des Balles, die Härte und Weichheit des Materials, den lustvollen Umgang mit allem behutsam anzueignen. Sie greift zwar, aber begreift nicht. Ihr fehlt dieses vergnügte Basisgefühl, das am Anfang der seelisch-geistigen Entwicklungen stehen muss, dieses Urgefühl: Das ist alles meins. Gehört mir, gehört zu mir. Ich mache es mir zu eigen. Jetzt kann ich schauen, tasten, das Feingefühl meiner Finger erproben und ihre Geschick-lichkeit auch. Guck mal, wie der Ball kullert, das ist alles »meins«!

Bei Tina ist es anders. Unruhig greift sie nach diesem und jenem, immer getrieben, viel zu hastig, um sich an ei-nem ergriffenen Gegenstand freuen zu können, viel zu un-sicher, um ihn nachdenklich zu erkunden. Ohne Vertrauen gibt es kein oder nur sehr wenig Verstehen der Welt. Daran kann auch die liebevollste Pflegefamilie wenig ändern.

In der Entwicklung eines Kindes gehört immer beides zusammen: die Verlässlichkeit des Eigenen, des »Innen« und der Sinn für die Eigenart der Dinge und der Menschen »außen«. Beides muss fortwährend ineinanderfließen, in der kleinen Psyche einander durchdringen und dann Schritt für Schritt wieder aufgelöst werden: »Das ist Innen, ach ja, und das Spielzeug hier, der Ball, das Bauklötzchen, das bin gar nicht ich, das ist vielmehr Außen«. (Wie diese ziemlich komplizierten Verknüpfungen und Wiederauflösungen verlaufen, habe ich in dem Kapitel Mias Ball, S. 57 ff. beschrieben).

Nein, das schafft die kleine Tina mit ihrem mangelnden Urvertrauen nicht, deshalb greift sie bedenkenlos zu – hierhin, dorthin, eigentlich nirgendhin. Sie greift ins Leere. Sie wirkt egoistisch dabei. Doch wenn man überhaupt von Egoismus reden will, dann ist es bei ihr ein ganz seltsamer Egoismus fast ohne Ego. Sie grabscht nach allem, hält es fest, als müsse sie sich an diesen Gegenstand klammern. Und so ist es ja auch. Sie sucht überall, bei jedem Menschen und bei jedem Spielzeug nach einem Halt. Aber den findet sie nicht.

Sie sind eigensinnig, sagen Erwachsene gern über solche Kinder, und sie haben damit, wenn auch auf ganz andere Weise, als sie meinen, ganz recht. Kinder verschaffen sich mit ungeduldig hartem Griff ein Fleckchen Eigensinn, einen eigenen Sinn, der sich in den ergriffenen Dingen spiegelt. Das gilt aber nur für »sicher gebundene« Kinder, nicht für Tina. Noch in ihrem Zugreifen hat sie wenig Vertrauen in sich selbst und in die Verlässlichkeit der Dinge (der Welt). In ihrer hastigen Gier nimmt sie alles nur ganz flüchtig wahr. Die Dinge sind ohne Dauer, ihre Vernunft bleibt unruhig, fast leer.

Ihr großer Bruder David ist ganz anders. Oder auch gar nicht anders, jedenfalls nicht in seinen grundsätzlichen

Empfindungen, sondern der kleinen Schwester ganz ähnlich. Man muss nur etwas genauer hinschauen, um das zu verstehen. Der Große will immer alle und alles regulieren und beschützen. Ganz besonders die kleine Schwester. Das hat zur Folge, dass sich Tina gern an ihn klammert, »mein großer Bruder« sagt sie manchmal stolz. Aber dann ist ihr alles schon wieder zu viel. Dann will sie nicht mehr, dass er dauernd an ihr herumhängt und herumreguliert, dass er sie beschützen will, weil Schutz eben auch immer Beengung und Einmischung in das »Eigene« ist (was ihr ja, wie wir gesehen haben, ohnehin nur rudimentär zur Verfügung steht).

Der Große hat seine eigene Strategie entwickelt, um sich die Dinge »anzueignen«. Seine kindliche Seele ist dabei einen kleinen Umweg gegangen. Der lautet: »Wenn ich für sie, meine Schwester, aber eigentlich auch meine Pflegemutter und alle Freunde verantwortlich bin, dann ›gehören sie irgendwie zu mir‹. Irgendwie sind sie verwachsen mit mir, wenn ich Verantwortung für sie übernehme. Wenn ich ihnen ständig deute, was richtig und was falsch ist, dann habe ich ja eine Bedeutung für sie.«

Also kontrolliert und reguliert er alles und alle. Das Einhalten von Regeln hat keinen eifrigeren Befürworter als David. Alles muss nach festen Normen vor sich gehen, sonst wird er ganz konfus. Die kleine Schwester lässt sich das, manchmal widerwillig, noch gefallen, den Freunden wird er lästig, sie gehen auf Distanz.

Der Ball darf nicht über die Mauer fliegen, sagt David, da könnte eine Fensterscheibe zerdeppern, und was wird dann? Die Tischtennisplatte nehmen wir am besten wieder mit ins Haus. Es könnte ja regnen, und dann wird sie ganz nass, das darf auch nicht sein. Den Freunden geht er damit auf die Nerven, sie hören nur seinen ewigen Kommandoton und ziehen sich zurück.

Dabei will David etwas ganz Einfaches, das jedem Kind zusteht: Er will spüren, will in seiner Seele verankern, dass Dinge und Menschen zu ihm gehören. Wenn er eine Bedeutung für Menschen und Dinge hat, dann bedeuten sie auch etwas für ihn. Er will seine Welt mit Nähe, Bindung und Bedeutung füllen. Deshalb warnt er seine kleine Schwester, wenn sie zu wild herumtobt, dass dieser oder jener Stuhl umfallen oder das Porzellan, das schon heftig im Schrank scheppert, zerbrechen könnte. Sein Verantwortungsgefühl erstreckt sich auf alles und jedes. Solange seine Welt den Regeln gehorcht und er über sie wacht, gehört er eben dazu. Dabei ergeht es ihm genauso wie seiner kleinen Schwester. Er hat und entwickelt keinen rechten Sinn für die Eigenart der Dinge, für den Missmut seiner Freunde ebenso wenig. Er versteht das alles nicht, und deshalb hält er umso hartnäckiger an seinen Normen und Kontrollen fest.

Auch daran können die Pflegeeltern wenig ändern. Sie sind auf ihn eingegangen, sie haben versucht, Kreativität und ein »eigenwilliges Selbst« in ihm hervorzulocken. Vor einigen Jahren sogar mit Hilfe eines Kindertherapeuten. Aber was sollte der schon ausrichten? David fehlt etwas Elementares. Ihm fehlt ein ursprüngliches Vertrauen, das »Urvertrauen«, wie der Psychoanalytiker Spitz ähnliche Vorgänge schon Ende der vierziger Jahre beschrieb. Solches Vertrauen ist nicht »an sich« da, es muss erworben werden. Die allererste Zutraulichkeit und damit die Basis für jedes Vertrauen erwerben Kinder in den ersten Lebenswochen und Monaten, inniger als je zu einem Zeitpunkt danach. Aber über diesen ersten Wochen seines Lebens hing für David wie für seine Schwester die dunkle Erinnerung an das Verlassensein, das bittere Gefühl: Mama ist fort, sie schaut mich nicht an, sie antwortet mir nicht. Nie mehr …! Ein bewusstes Sicherinnern ist das selbstverständlich nicht, es ist viel schlimmer: Es ist ein negatives Urgefühl, das sich ins Somatische und Psychische, in die Nervenzellen und ersten Verschaltungen des Gehirns, in die Verfasstheit von Körper und Seele eingegraben hat. Das macht alles so verzweifelt dramatisch.

David fehlt also jenes Urgefühl, die »sichere Bindung«, wie die Bindungsforscher sagen, die seine Gefühle zuverlässig und beständig heranreifen lässt und die so dringend benötigt wird, damit ein Kind sich später vorbehaltlos neugierig den Menschen und Dingen seiner kleinen Welt zuwendet. Deshalb beherrscht ihn im Umgang mit Menschen und Dingen Gier statt Neugier. Alles und jedes – Ersatz-Mama und Ersatz-Papa, die Freunde und die Spiele, sogar die kleine Schwester – ist so fremd in sein Selbst eingebettet, dass ihm die Dinge und die Menschen nie ganz nahe sind. Immer schiebt sich Unruhe und ein klammes Gefühl von Verlust zwischen sie und ihn. Manchmal kommt ihm alles ganz gleichgültig vor. Aber trotzdem spürt er dauernd dieses unruhige Sehnen nach etwas, das er gar nicht richtig benennen kann, so dass er zugreift und zu wenig erfasst, genau wie seine kleine Schwester.

Jetzt wird auch klar, warum er stabile Regeln aufstellt. Er hat sie zwischen sich und die soziale Welt geschoben und achtet penibel auf ihre Einhaltung. Sie sind seine Orientierung, sein Halt. Auf Regeln ist Verlass. Doch Regeln sind etwas Abstraktes. Sie durchbrechen das Gefühl von Fremdheit und Ferne nicht, das David so sehr beherrscht. Alles und jedes bleibt wie hinter einer Glaswand von ihm getrennt. Nichts kann sein Selbst wirklich füllen, versorgen, »füttern«. Nie ist er ganz »satt«. Für David ist die Welt wie ein Spiegel, der auf geheimnisvolle Weise immer seltsam unwirklich und verwischt bleibt.

Wie fremd diese Welt solchen Kindern ist, die nicht in den Jahren vor der Sprache schon eine Vertrautheit mit ihrer

Welt und wichtigen Menschen gefunden haben, zeigt sich auch am Beispiel der im Kerker verwahrlosten Kinder von Amstetten, deren Mutter vom Vater misshandelt, missbraucht und schließlich mit dreien der Kinder in einem Betonbunker jahrelang eingekerkert worden war. Diese Kinder hatten eine ganz eigene Sprache entwickelt, mit der sie sich untereinander verständigten. Sprache ist eigentlich zu viel gesagt. Es waren tierähnliche Knurr- und Brummlaute, mit denen sich einer des anderen Gegenwart vergewisserte, als sei allein die Tatsache, dass noch ein Mensch neben ihnen sei, schon ein Schutz. Eine Sprache also, der jede Differenziertheit, jede Kontur, jede Bestimmtheit fehlte. Es waren nur fast urtümliche, aus dem Innersten des noch unfertigen Unbewusstseins hervorsteigende Laute, keine Sprache. So wenig sie die Welt in diesen Lauten abbilden konnten, so sehr waren sie – gerade in der gemeinsamen Abweisung einer Welt, die ja nur feindlich und überwältigend erschien – über den Austausch von Lauten aneinander gebunden.

Gegenüber fremden Menschen versuchten sie denn auch, als sie endlich in die Freiheit entlassen waren, »richtige« Sprache zu benutzen. Aber Sprache konnte ihnen nicht gelingen. Zu gering war ihre Erfahrung von Menschen, zu wenig vielfältig und bunt – und vor allem zu wenig froh und liebenswert – erschien ihnen diese Welt. Deshalb konnte sich Sprache nicht in ihnen bilden. Oder anders gesagt: Kinder benötigen eine Welt, die sie lieben, damit sie zur Sprache finden. Solche Bindungen, liebende Gefühle, die eine frohe Erwartung auf die Welt richten, sind die Voraussetzung von Sprache. Ein Sprachtraining braucht es dann nicht mehr. (Ausführlicher zur Bedeutung der Sprache, siehe S. 91 ff.). Diese drei in den Kerker gesperrten Kinder hatten solch eine Welt nicht, sie hatten auch solche Gefühle nicht. Sie hatten deshalb auch keine Sprache, sondern nur den Austausch der Laute, der sie und ihre Gemeinsamkeit gegen die Welt abschloss.

Ähnlich schreibt es der Rechtsgelehrte Anselm von Feuerbach vor mehr als 170 Jahren über Kasper Hauser: »*Er war so gänzlich unvertraut mit gewöhnlichen Objekten und den Erscheinungen der Natur, dass man ihn entweder für den Bewohner eines anderen Planeten halten musste oder für jemanden, der unter der Erde lebte. Misstrauisch, so wird berichtet, wirkte Kasper Hauser sogar dann, wenn er Speise in den Mund nahm. Selbst sie war unvertraut, selbst in Phasen nicht geringen Hungers verzog er den Mund, er ekelte sich vor den ihm niemals vertraut Gewordenen. Nur schlichtes Wasser, trockenes Brot akzeptierte er. Alle verfeinerte Speise, alles, was aus einem bunten und frohen Lebenskontakt mit den Dingen der Welt, den essbaren und den nicht essbaren hervorging, war ihm so fremd, dass es ihm die Furcht, den Ekel ins Gesicht trieb.*«

So sieht sie also aus, diese Unvertrautheit, dieses Nichtzuhausesein in der Welt, der Familie und der Freunde. Die beiden Pflegekinder in unserer Familie hatten sehr viel mehr Weltgefühl vermittelt bekommen als die Amstetter Kinder. Sie können ja sprechen, sie können sich der Dinge bedienen. Sie funktionieren in Eintracht mit ihrer Welt, mit den meisten Dingen und manchen Menschen. Aber ganz tief verankert, ganz restlos geht diese Weltbeziehung nicht in ihr Selbst auf. Ihr Selbst behält Spuren einer früh erworbenen Fremdheit zu allem und jedem. Wenn diese Fremdheit einmal in schönen, verspielten Stunden geringer oder für eine kurze Zeit ganz vergessen wird, dann bricht die ungestillte Sehnsucht nach Freude, Spiel aus beiden ungestüm hervor. Tina und ihr sonst so verantwortungsvoll kontrollierender Bruder sind dann »außer Rand und Band«. Sie jubeln viel zu laut, schreien und rennen wild herum, bis sie ganz außer Atem sind. Wer ihnen dabei zusieht, hat nicht ohne Grund das Gefühl, dass sie ihr seelisches Gleichgewicht nicht wie andere Kinder im Spiel stabilisieren, sondern beinahe ganz verlieren.

Da gibt es noch eine Störung, die den Pflegeeltern, auch diesen liebevollen, oft die letzte Geduld raubt. Die Kinder sind misstrauisch. Immer liegen sie auf der Lauer, vielleicht passiert etwas Böses, etwas, das in ihr Leben einbricht, wie es schon einmal der Fall war. Kann man sich wirklich auf die Versprechungen verlassen, die die Erwachsenen machen – auch wenn sie sich jetzt Mama oder Papa nennen? Vielleicht bricht erneut eine Katastrophe auf, die derjenigen ähnelte, die so tiefe seelische Wunden und Vernarbungen (Verhärtungen) hinterlassen hat. Wie können sie ganz sicher sein? Immer auf der Lauer, das verzerrt ihr Verhalten.

Auf Zuwendung reagieren sie manchmal fast übermäßig intensiv, saugen jedes freundliche Wort, jede liebevolle Geste in sich auf wie eine Wüste das Wasser. Doch dann kann ihr Verhalten abrupt ins Gegenteil umschlagen. Dann reagieren sie auf jede Freundlichkeit mit Missmut, Rückzug oder sogar Aggressivität.

Man sagt gern, dass solche Kinder austesten wollen, ob die neue Zuwendung, die sie jetzt erfahren, auch wirklich zuverlässig ist. Das ist richtig, aber es ist noch nicht die ganze seelische Wahrheit. Nicht einmal die halbe. Vielmehr ist es so, dass ihre verletzte Seele ganz und gar darauf eingestellt ist, dass nichts auf dieser Welt ihnen wirklich verlässlich zur Verfügung steht. Deshalb begegnen sie jedem Geschenk so, als könne eine feindliche Botschaft in ihm verborgen sein. Sie müssten ja Vertrauen haben, um zu begreifen, dass eine wohlwollende oder liebevolle Intention hinter dem Geschenk oder den freundlichen Worten steht. Aber dieses Vertrauen fehlt. Jedenfalls meist, fast immer. Solange das Vertrauen nicht da ist, kann kein Geschenk ohne Misstrauen entgegengenommen werden, kann kein freundliches

Wort gehört werden, ohne dass Witterung aufgenommen wird, ob sich etwas Böses hinter ihm verbirgt.

Dies ist die ganz und gar paradoxe Wahrheit, in die Pflegeeltern durch die Bindungsunfähigkeit oder -schwäche ihrer Kinder hineingezogen werden: Sie müssen zwar mit ganzer Intensität Gefühle wie Liebe und Verlässlichkeit an die Kinder herantragen, sie dürfen aber niemals erwarten, dass ihre Gefühle sogleich oder überhaupt erwidert werden. Sie teilen in gewisser Weise mit ihren traumatisierten Kindern ein alles überschattendes Unheil: Sie werden nie ganz »wahrgenommen«.

Die Mäuse wissen Bescheid

Manchmal machen die Mäuse es uns vor. Diese Tiere bleiben einander ein Leben lang treu, richtig verlässliche Paare, wenn sie einen hohen Oxytocin-Gehalt in ihrem Blut haben. Bei jeder Berührung, jeder Zärtlichkeit wird Oxytocin ausgestoßen – aber nie wieder so intensiv und überwältigend wie in den Momenten der Geburt. Vielleicht ist es nur ein Trick der Natur: Oxytocin, das Liebes- und Bindehormon, macht die Schmerzen der Geburt für die Mutter erträglich und für das Kind den Sturz in die reale Welt behutsamer. Wichtig ist aber dies: Wo dieser von der Natur vorgesehene Oxytocin-Gehalt im Blut stimuliert und oft genug, regelhaft genug, in den ersten Lebensjahren wiederholt wird, dort verankert sich, auch nach neurobiologischer Einsicht, die Fähigkeit, die Begabung und die Verlässlichkeit, einem geliebten Partner die Treue zu halten. Nichts ist wichtiger für das Lebensglück als diese Verlässlichkeit für immer, dieses Vertrauen ins Leben ohne Furcht.

Ich bin dann mal tot

Die zweite Geschichte verlief problematischer, unglücklicher, tragischer. Sie handelt von einem kleinen Jungen, kaum acht Monate alt, dessen Mutter sich von ihm überfordert fühlte. Sie kam vorn und hinten nicht mehr zurecht, sie wusste nicht mehr ein noch aus. Solche Sachen passieren und sind traurig.

Für den Kleinen wurde eine Lösung gefunden, nur die zweitbeste (die beste wäre seine Mutter in einer anderen seelischen Verfassung gewesen). Die Mutter gab das Kind zur Adoption frei, das Jugendamt fand eine liebevolle Pflegefamilie. Sie wurde das neue Zuhause des Jungen. Aber die tragische Entwicklung dieses Kindes war damit nicht beendet, sie begann erst.

Der Junge fand sich schnell zurecht in der neuen Familie. Von außen ist es schwer zu beurteilen, aber man darf vermuten, dass er zu der seelisch überanstrengten Mutter ohnehin wenig Bindung aufgebaut hatte, dass er also eine Eigenart entwickelt hatte, die sich bei vielen bindungsgestörten Kindern zeigen: Er lief und rannte herum, fand sich in jeder Umwelt zurecht, weil keine ihm wirklich vertraut war, und ging mit offenen Armen und Ohren und Augen auf jede neue Pflegeperson zu, wenn sie ihn nur freundlich anschaute. Solche Kinder suchen Bindung, ununterbrochen, sie sind eigentlich ewig und dauernd auf der Suche, aber meist endet die Suche tragisch. In diesem Fall nicht, es hätte alles gut werden können. Aber das wurde es nicht.

Zweieinhalb Jahre war der Kleine alt, da forderte die leibliche Mutter das Kind zurück. Ein völlig unmöglicher Vorgang, so verständlich er auch aus dem Blickwinkel der

Mutter erscheinen mag. Ja, wir wollen nicht urteilen und schon gar nicht verurteilen. Vermutlich hat sie viele Wochen bereut, dass sie das Kind weggegeben hatte. Vermutlich erschien ihr das Kind, als es weg war, wie ein stilles, reines, freundliches Wesen, das ihr kümmerliches Leben bereichert hätte. Ihre Sehnsucht war zum einen die natürliche Suche einer Mutter nach ihrem Kind und war zum anderen durchtränkt von ihrer verlorenen Lebensgeschichte. Durchtränkt auch von fantastischen irrealen Träumen, einer kleinen heimischen Idylle, die sie sich ausmalte und die sich doch nie einstellen wollte. Da gab es nur eine Rettung: »Ich will mein Kind zurück!«

Aus Gründen, die für Außenstehende gar nicht und für Insider nur schwer nachzuvollziehen sind, gab das Jugendamt diesem Verlangen nach. Es gibt dafür eine gesetzliche Bestimmung, das ist wahr. Der leiblichen Mutter werden zunächst einmal die meisten Rechte eingeräumt, und das ist auch richtig so. Eine leibliche Mutter ist nicht zu ersetzen, durch nichts und niemanden. Aber solche Gesetze sind nur ganz allgemeine Bestimmungen. Nur eine bürokratisch verengte Behörde kann eine Bestimmung zum einzigen Prinzip des realen Handelns erheben.

Der Junge hatte sich nicht nur eingelebt. Er hatte Bindung gefunden, er hatte (endlich) eine richtige »Mama«, die mit ihm kuschelte und ihn liebte und nicht von wechselnden Seelenzuständen hin- und hergerissen war. Für den Kleinen war es ein Paradies. Er nannte die neue Pflegemutter auch sehr schnell Mama. Die leibliche Mutter sah er selten, und wenn er sie sah, schaute er sie an wie eine Fremde. Und nun wurde er aus diesem neuen Zuhause, in dem er sich gerade mit allen Fasern seiner Seele eingerichtet und Zuversicht geschöpft hatte, herausgerissen. Er musste zurück zur Mutter. Auf die Abwehr, ja, die Verzweiflung des Kindes achtete die Behörde nicht. Sie hatte ihre Durchführungsbestimmungen, alles andere war nicht von Interesse. Es raubt einem den Atem, wenn man darüber nachdenkt.

Natürlich kam es, wie es kommen musste. Jeder einigermaßen verständliche Gutachter hätte dem Amt die weitere Entwicklung voraussagen können. Das Amt hätte auch die Möglichkeit gehabt, einen Gutachter zu bestellen, er hätte mit hoher Sicherheit die Unfähigkeit der Mutter, ein Kind zu erziehen, festgestellt. Aber das Amt wollte das nicht. Eine Regel ist eine Regel, eine Durchführungsbestimmung eine Durchführungsbestimmung – wo kommen wir den sonst hin? Kontrollierende Bürokratenlogik, viele Pädagogen argumentieren genauso.

Der Kleine strampelte und zappelte, wehrte sich gegen die fremde Frau, an die er keine Erinnerung hatte, jedenfalls keine bewusste – und die unbewussten, ins Körperliche hineingewachsenen, versunkenen Erinnerungen verstörten ihn nur. Jetzt wurde auch der Vertrauensfaden, den er zu der neuen Mama geknüpft hatte, zerrissen. Der Junge war schwierig, jetzt noch schwieriger als zuvor. Die Mutter fühlte sich von ihm abgelehnt. Ihre aus seelischer Armut egozentrisch gewordene Psyche kam damit nicht zurecht. Sie wusste sich wieder nicht zu helfen, wusste schon wieder nicht ein und aus und gab das Kind erneut zur Adoption frei.

Schlimm genug, aber noch einmal hätte alles gut werden können, jedenfalls vieles. Aber die Behörde versagte ein zweites Mal, ebenso unverständlich wie zuvor. Sie gab den Jungen nicht zurück an die vertraute Familie, an seine »zweite« und immer noch geliebte Mama. Nein, aus irgendwelchen pädagogischen Pseudobegründungen heraus bestand das Amt darauf, dass der Junge in eine neue Familie komme.

Wieder fand er liebevolle Pflegeeltern, wieder traf er auf eine Pflegemutter, die es wirklich gut mit ihm und nicht zuerst mit sich selber meinte. Diese Pflegemutter spürte bereits nach wenigen Tagen, was den Bürokraten entgangen war. Sie merkte – und das ist immer eine schmerzliche Einsicht, es gehört Mut und Souveränität dazu –, dass sie dieses Kind niemals für sich gewinnen würde.

Der Kleine rief immer nur nach seiner »anderen« Mama, der Pflegemutter, von der er weggerissen worden war. Die neue Pflegemutter suchte das Amt auf und bat inständig darum, den Jungen zu seiner geliebten Mama und seinem Papa, mit dem er gerade erst so richtig bekannt geworden war, zurückzugeben. Sie machte deutlich, dass alle Bindungen, alle Liebesfähigkeit in dieser kleinen Seele in den ersten acht Monaten so entsetzlich zerstört worden waren, dass nur diese zweite Familie sie heilen oder fast heilen könnte.

Das Amt wollte nicht, es hatte ja seine Durchführungsbestimmungen. Das Amt bestand darauf, dass der Junge bei der neuen, inzwischen also der dritten Familie bliebe und falls sich dies als unmöglich erweisen würde, müsste er eben in ein Heim eingewiesen werden. Eine Rückkehr zur guten Pflegefamilie gab es nicht. Basta.

Das Kind jammerte, das Kind weinte nach seiner richtigen Mutter, die nicht die leibliche war, das Kind machte mit allen Zeichen und Worten, mit allen unbekannten Lauten und mit seiner beginnenden Sprache deutlich, wohin es gehörte, seelisch gesprochen, nicht nach den Regularien eines Amtes. Das Jugendamt ließ sich nicht erweichen. Der Junge kam in ein Heim, von da an war ihm nicht mehr zu helfen.

Der Junge nässte und kotete wieder ein. Er durchlief die eine oder andere Therapie – im Rahmen der Heime und ihrer Ressourcen ist davon auszugehen, dass es hilflose Ersatztherapien waren, aber auch eine fachlich gute hätte ihm jetzt kaum noch helfen können. Der Junge wurde »hyperaktiv«, vielleicht kam er, das entzieht sich meiner Kenntnis, zu einem Jugendpsychiater, der mit hoher Wahrscheinlichkeit ADHS diagnostizierte, das »Zappelphilipp-Syndrom«. Aber wie diese psychiatrischen Diagnosen sind: Sie kümmern sich viel zu wenig um die Biographie und die Herkunft, die Ursache der Störung. Vielleicht wurde er zugeschüttet mit Medikamenten, vielleicht auch nicht. Es macht keinen Unterschied. Es war alles schon zu spät.

Mit der beginnenden Pubertät brach der Junge aus, haute aus dem Heim ab. Ein erneuter Versuch in einer Pflegefamilie ging (selbstverständlich) schief. Diese, nunmehr dritten, Pflegeeltern konnten nichts dafür. Sie hatten überhaupt keine Chance. Der Junge war seelisch erkaltet. Er war deshalb mit seinen 15, 16 Jahren für einen bestimmten Typus Mädchen durchaus verführerisch. Seine Kälte zog sie an. Diese oft verwöhnten Mädchen aus guten Häusern spürten, dass da jemand ist, der sich keinen Deut um sie kümmert, sie aber mit seinem charmanten Lächeln und seinen bösen Augen einzufangen weiß. Solche Beziehungen waren kurz, heftig, rücksichtslos – die Mädchen aus gutem Haus genossen ihn und sein radikales Außenseitertum für eine knappe Zeit und dann verschwanden sie wieder. Irgendetwas sagte ihnen, dass sie sich schleunigst in Sicherheit zu bringen hätten. Und das taten sie dann auch.

Ihm war es egal, er hoffte ohnehin nicht mehr auf Bindung, Liebe war ein Wort, das keinen Widerhall in seiner Seele fand. Wäre er jetzt straffällig geworden – doch er wurde es erstaunlicherweise nur in sehr kleinem, kleinkriminellem Umfang –, dann hätte er es bis in eine Boulevard-Zeitung geschafft: der eiskalte Täter, der Monsterjunge und so weiter und so weiter. Nur tief in ihm, unterhalb der Kälte, unterhalb der Beziehungsleere, wühlte und rumorte es. Ein ewig in sich kreisendes, in sich gebanntes, weil durch nichts zu erfüllendes Sehnen zerrte an ihm. Ja, er beutete jeden aus, der sich ihm vertrauensvoll oder hilfsbereit näherte. Er nutzte jeden aus, der Sympathien für ihn entwickelte, das ist alles wahr. Aber wahr ist auch, dass dieses Rumoren, dieses In-sich-Drehen, dieses Sehnen ohne Ziel (denn das Ziel war die erste, und wenn dies nicht möglich war, dann doch die zweite »Mama«) nicht aufhörte. Ziellos, haltlos trieb er umher, immer von einer Traurigkeit durchzogen, die kein Triumph bei einer weiteren jungen Dame aus gutem Hause oder einem gelungenen Ladendiebstahl ausgleichen konnte. Irgendwann überwältigte es ihn, irgendwann war das Fass übervoll und der letzte Tropfen fiel hinein. Irgendwann stieg er, vielleicht hatte er es in einem Film so gesehen, auf eine Leiter, den Strick um den Hals. Wenig später war er tot.

Kinder in Pflege, versorgt und unruhig. Eine nicht ganz traurige Geschichte

Noch eine Geschichte einer Pflegefamilie. Am Schicksal von Pflege- und Adoptivkindern lässt sich mit beeindruckender Klarheit ablesen, was der Verlust der allerfrühesten Bindungen, der Verlust von Mama und der von Papa, langfristig anrichtet. Vergessen wird der Verlust nie ganz. Diese Wunde hinterlässt eine Verhärtung, und die zieht sich durch ein ganzes Kinder- und Jugendleben.

Eine Familie hatte bereits zwei Pflegekinder, die inzwischen zu jungen Männern herangewachsen waren, und anschließend noch ein Mädchen im Alter von fünf Jahren aufgenommen. Von diesem Mädchen und ihrem Verhältnis zu den beiden »Großen« soll jetzt die Rede sein.

Die fünfjährige Kleine wirkt vergnügt, strahlt Neuankömmlinge charmant an, sie ist mit ihren strohblonden Haaren und ihrem runden Puppengesicht ein richtig kleiner »Sonnenschein«, wie ihre Pflegemutter zu betonen nicht müde wird. Aber auch über diesem kleinen Sonnenschein lasten dunkle Schatten. Auch sie, die scheinbar Unbefangene, trägt schwer am Verlust der allerersten Bindung, der von Mutterleib und Geburt, und dann an dem Riss, der sie von dieser körperlichen Innigkeit trennte und hineinzog in eine befremdliche Welt und eine soziale Ordnung, in der sie sich nicht zurechtfand.

Die Pflegemama war von Anfang an eine liebevolle Mama. Aber ihre Flasche schmeckte und roch nicht nach der Milch der leiblichen Mutter. Der Geruch der Muttermilch, wissen wir heute, schöpft sich aus Erinnerungen, die bis zur Geburt zurückgreifen und – so seltsam es klingen mag – sogar an vorgeburtlich-sinnliche Erfahrungen. Es war ein anderer Geruch, ein anderes Trinken, eine andere Art, sich einem erwachsenen Menschen anzuvertrauen. Ganz so vorbehaltlos, wie es nur auf der Grundlage der biotischen Mutter-Kind-Innigkeit gelingen kann, gelang es nicht, nicht ganz. Beinahe zwar, aber nicht vollständig, nie bis in die tiefsten Tiefen der kleinkindhaften Seele reichend. Da bleibt ein »Rest«. Es wäre ja ein Wunder, wenn es anders wäre!

An fünf Fingern kann man sich abzählen, wie die Beeinträchtigungen der seelischen Entwicklung solch eines Kindes begründet sind. Und mit aufmerksamen Augen kann man es am Verhalten der Kleinen ganz unmittelbar beobachten. Ihr vorbehaltloses Zugehen auf jeden Fremden, ganz egal, wer es ist, birgt eine seelische Not. Dieser Fremde wird gar nicht in seiner Eigenart wahrgenommen. Jeder, der da neu ins Haus hereinschneit, ist für die gekränkte kleine Seele ein Heilsversprechen: »Vielleicht wird jetzt noch einmal alles anders?« Glückliche Kinder denken nicht so. Glückliche Kinder sind konservativ. Alles soll bleiben, wie es ist. Dieser kleine »Sonnenschein« lauert aber ständig auf Veränderung, alles Neue birgt Hoffnung.

Deshalb umwirbt sie jeden, der das Haus betritt oder den sie im Kindergarten oder anderswo kennenlernt. Unbewusst hegt sie in ihrem kleinen Kopf die Hoffnung, dass sie diesen »anderen Menschen« so sehr für sich gewinnen könne, dass er sie in ein ganz anderes Leben mitnimmt, eines, das endlich befriedigend wäre, bis in die tiefsten Tiefen, eines, in dem ihre kleine Psyche endlich zur Ruhe kommen würde. Natürlich wird es das nicht geben, jeder Fremde bleibt so fremd, wie ihr insgeheim auch die Pflegemutter ein bisschen fremd geblieben ist. Das ist ihre Kinder-Tragödie, tragisch und wie antike Dramen ausweglos. Kein Entrinnen. Eine junge Seele akzeptiert das nicht, sie sucht immer wieder einen Weg, mit unerhörtem Kindermut, aber sie findet ihn nicht. So wirkt sie bei all ihrem Charme und ihrer nach außen gewendeten Fröhlichkeit durchzogen von einer ungestillten Sehnsucht. Noch ist sie zu klein, aber in drei, vier oder fünf Jahren wird sich dieses Verlangen in eine stumme Resignation verwandeln, in eine Neigung zur Depressivität.

So ist es immer, immer wieder. Die Pflegeeltern, gerade die liebevollsten, können nichts dagegen tun. Sie sind nicht schuld, ganz im Gegenteil. Sie tragen mit viel Mühe wenigstens einen Teil der schicksalhaften Bürde dieses Kindes ab, und die Mühe hört nie auf. Sie müssen lernen, bei allem Aufwand ihre Ziele niedrig zu stecken, sie können das Kind ein wenig versöhnen, können ihm viel Bindung geben, aber niemals eine vollständige. Misstrauisch bleibt dieses Kind, misstrauisch beäugt sie auch den umworbenen Fremden, teils von Hoffnung durchseelt, dass der sie in ein anderes Dasein entführe und teils von dem penetranten Gefühl belastet, dass dieser Fremde wieder nur eine Enttäuschung sein wird, einer mehr in der ellenlangen Reihe von Enttäuschungen, wieder »nicht das, was ich suche«.

Was also können die Pflegeeltern tun? Nun, dies hier ist eine der Geschichten von Bindungsarmut und Bindungsnot, die gut ausgehen – jedenfalls viel besser, als man erwarten konnte. Der Grund war folgender: Die Pflegeeltern hatten sich keine illusionären Vorstellungen gemacht. Sie hatten keine Bilderbuch-Utopien von einem heilen Leben mit den verstoßenen Kindern, sie hatten ganz realistische Ideen. Und Ideale hatten sie auch. Aber ihre Ideale waren realitätstauglich.

Ihre Ideale hießen, wir werden diesen Kindern aus ihrer Not heraushelfen, Stück für Stück und Schritt für Schritt, und – was besonders wichtig ist – wir werden helfen, so weit wir es vermögen. Vielleicht vermögen wir viel, vielleicht nur wenig. Wir tun, was wir tun können. Mit dieser überaus realistischen und von einer tiefen Humanität getragenen Grundverfassung begannen sie das Leben mit den drei schwierigen Kindern.

Sie hatten noch ein Privileg. Sie legten wenig Wert auf äußere Karriere-Zeichen, auf Auto und auf eine schnittige Architektur ihres Hauses. Sie waren zwar privilegiert (das darf man nicht übersehen), aber das Geld, über das sie verfügten, steckten sie in eine fast schon ländliche kleine Idylle. Um ihr durchaus windschiefes und an vielen Stellen baufälliges Häuschen wucherte ein bunter, wilder Garten, in dem es für Kinder unendlich viel zu entdecken gibt. In dem es für Kinder auch Geheimnisse gibt, heimliche Hütten, die kein Erwachsener betritt, Rückzugsräume für Traurigkeit oder für Träumereien.

Alles war da. Die »zweiten« Eltern versuchten keineswegs, angesichts der kindlichen Not, alles zu kontrollieren, zu fördern und in den Griff zu bekommen. Es wäre auch der falsche Weg gewesen. Sie versuchten ganz im Gegenteil, der kindlichen Freiheit so viel Raum zu geben, wie es eben möglich war, ohne riskant zu werden. Sie wussten nämlich, dass nur aus der selbsttätigen, in das Selbst versponnenen Freiheit jene Begabung erwächst, die andere Kinder von Geburt an haben und aufrechterhalten: die Lust auf das Leben, die Freude und den Mut zum Abenteuer, der sich mit jedem neu eroberten Stück Wirklichkeit festigt.

Ihre Kinder waren misstrauischer, geknickter, eingeschränkter in ihrem Vertrauen auf die eigene Tatkraft, die eigenen Bewegungen, die eigene Geschicklichkeit. Ihre Kinder mussten alles nachträglich erarbeiten. Und wie erarbeitet man Selbstbewusstheit? Bewusstheit des Körpers, Bewusstheit der Sinne, Bewusstheit der kleinen und großen

Talente? Man erobert sie nicht dadurch, dass hier ein Talent und dort ein Talent gefördert wird, dass hier Sprache betont und methodisch eingeprägt wird und so weiter. Man erkämpft sich diesen Mut zum Leben allein dadurch, dass die wichtigen Bindungspersonen, Ersatzmama und Ersatzpapa, so viel innere und äußere Freiheit lassen, dass man auch mal mit seiner Traurigkeit ganz in sich gehen kann, ohne dass gleich die Frage: »Was fühlst du denn gerade? Bist du traurig?« dazwischen fährt und die Selbstversunkenheit stört. Ohne dass bei jedem Problem sofort ein psychologischer Fachmann zu Rate gezogen wird. In dieser klugen Familie blieb alles, so weit es möglich war, in der Selbsttätigkeit und der Selbstverantwortung der Kinder. Das machte sie stark.

Wunden heilen nicht schnell, seelische schon gar nicht. Und manche Wunden wollen überhaupt nicht wieder heilen. Die des Verlustes der frühsten Bindungen und des kleinkindhaften Vertrauens in besonderer Weise. Aber die Wunden können doch vernarben. Jedes freudige Ereignis, jede Begegnung und Berührung eines anderen Menschen, jedes neu geschöpfte Vertrauen und vor allem die Verankerung der freien körperlichen und seelischen Erfahrungen hilft ein wenig.

Vor allem prägen sich natürlich solche Erlebnisse ein, die ein Kind ganz allein, ohne Aufsicht, ohne Kontrolle durchgestanden und durchgearbeitet hat. Sein bei jeder freudigen Erwartung sofort wieder aufschießendes Misstrauen wird am besten damit bekämpft und beschwichtigt, dass sich das verletzte Kind selber heilen darf. Wenn nicht ständig irgendetwas Kontrollierendes, irgendetwas Therapeutisch-Methodisches ihm einen Strich durch die seelische Rechnung macht.

Das war hier der Fall. Nein, keine Idylle, sondern ein schwieriger Weg war es, für alle drei Kinder und für die Eltern auch. Die Schwierigkeiten, die jedes dieser drei Kinder mit sich selber aushandeln musste, kreuzten den Weg der Geschwister, manchmal führte das zu Konflikten. Manchmal passiert das heute noch, aber nur ganz selten. Auch diese Geschwister-Konflikte konnten sie, so weit es eben ging, selber aushandeln, sie hatten ja seit ihren frühsten Kinderjahren nur einander.

Solche Geschwister sind in ganz eigenartiger Weise ineinander verkeilt, streiten unermüdlich mit diesem ewig wachen Misstrauen, und sind einander doch in besonderer Weise nahe. In vielen Fällen höre ich immer wieder und es wird mir in der Praxis vorgetragen, dass das Jugendamt Kinder, die nicht in der Ursprungsfamilie bleiben können, auseinanderzerrt und die Geschwister trennt. Was für ein grober Fehler, wie jeder, der ein bisschen Ahnung von Entwicklungspsychologie hat, wissen sollte. Viele Jugendämter wissen viel zu wenig.

Die drei Geschwister stritten sich, und auf dem Grund ihres Streites fand sich dann doch immer wieder der Wunsch, einander nah zu bleiben. Aufgeben wollte keines der drei die jeweils anderen Geschwister. Getrennt werden von ihnen wollten sie auf keinen Fall. Keines wollte das andere verlieren. Misstrauen verlernten und Zuneigung lernten sie, indem sie immer wieder und immer aufs Neue die Erfahrung machten, dass Konflikte nicht böse sind, dass Streit nicht mit Trennung, sondern mit einem neuen Einverständnis beendet werden kann. Die Eltern stellten den Rahmen dafür zur Verfügung, einen besonnenen, gütigen Rahmen, der genügte den Kleinen. Sie bewegten sich, wirklich nur Schritt für Schritt, wirklich ganz langsam, aber unermüdlich in eine neue seelische Freiheit. Die frühe Bindungsnot ist bis heute nicht verloren, nicht vergessen. So etwas gibt es nicht. Aber sie hat einen Charakter geprägt, der zwar immer noch zerrissener ist als der der meisten Menschen. Denn auf der

Grundlage solcher Zerrissenheit haben sie eine besonders intensive Art von Streit und Versöhnung kennengelernt. Sie haben – so paradox es klingt – gerade durch ihre seelischen Wunden eine überdurchschnittlich hohe seelische Komplexität entfaltet. Frühe Verwundungen können auch eine besondere Feinfühligkeit stimulieren. Das menschliche Leben ist so unendlich voller Potenzen. Die Bildbarkeit des menschlichen Bewusstseins beeindruckt immer wieder. Psychologen, Therapeuten müssen sich diesem unabschließbaren Faszinosum aussetzen, sich in ihm verfangen und es bekräftigen. Jedenfalls dürfen sie es nicht durch methodisches Reglement ersticken. Das nur nebenbei.

Diese Kinder hatten für ihre Austragung von Konflikten, die sie mit sich selber (vor allem mit sich selber!) und dann auch mit den anderen durchlebten, eine wichtige Grundvoraussetzung: Sie hatten diesen beständigen Rahmen, hohe Verlässlichkeit, an der nicht zu rütteln war. Insofern waren diese Pflegeeltern nicht nur liebevoll und realistisch, sie waren auch stabile Autoritäten. Autoritäten, an denen nicht zu rütteln war. Die Fürsorge, die sie den Kindern zukommen ließen, war nicht zu erschüttern. Solche Verlässlichkeiten muss ein Erwachsener gegenüber einem Kind manchmal mit kräftigen Worten in Erinnerung bringen.

»Du musst gar nicht nachdenken, ich sage dir, was richtig ist«, solche Elternworte ordnen eine fragile verwirrte Kinderwelt, wenn es in dem richtigen Tonfall und von vertrauten Menschen gesprochen wird. Diese in sich selber so unfertig-unverlässlichen Kinder orientierten sich an starken Erwachsenen. Sie lieben Autoritäten, bei denen Fürsorglichkeit und die Festigkeit Hand in Hand gehen. So nahm alles ein gutes Ende für die Großen, die Kleine ist noch auf dem Weg.

Heute sind die beiden Älteren fast erwachsen, interessante Menschen, das spürt jeder, der ihnen begegnet. Früh gekränkte und traumatisierte Menschen wirken oft besonders anziehend, ihre Intensität hat einen eindringlichen Charakter. Das ist ihr ganz eigenes Potenzial. Oft sind sie gerade im Umgang mit Kindern besonders innig, und Kinder spüren das. Es gibt kaum ein Kindertrauma, das nicht auch »Gutes« in sich trägt. Aber die Bedingungen dafür müssen stimmen. Sie müssen sogar optimal sein, dann haben auch bindungsverarmte Kinder eine Chance.

Der »kleine Sonnenschein«, der keineswegs nur sonnig ist, hängt eben aus diesem Grund an den beiden »Großen«. Sie sind ein ganz besonderer Halt in ihrem Leben. Wenn sie wieder einmal die Fremdheit umfängt, die ihre junge Existenz so sehr durchdringt, dann läuft sie am liebsten zu den Brüdern, häufiger noch als zu den »zweiten Eltern«. In ihnen, ihren Gesichtern, ihrer Zuwendung findet sie einen Trost, der bis tief in die Anfänge ihrer ungesicherten Existenz reicht und eben von diesen beiden mehr als von irgendjemand sonst gespendet werden kann.

Auch hier bleiben die klugen Eltern in behutsamer Distanz. Sie verstehen, dass sie die besondere Bindung der Kleinen zu den »Großen« kaum verstehen können. Sie hat einen heilenden Charakter, den sie jedenfalls nicht stören dürfen. Sie tun es nicht. Sie verzichten darauf, sich aufzudrängen unter dem Vorwand der Verantwortung. Sie sind bewundernswert.

Folgen früher Trennung

Unsicher gebundene Kinder, Jugendliche, auch Erwachsene zeigen ihre Affekte nicht immer unmittelbar. Im Alltag sind sie meist unauffällig. Ihre Schwierigkeiten treten erst dann zutage, wenn sie in Lebenskrisen geraten oder unter besonders belastenden Umständen handeln müssen. Dann werden die nicht ausreichend geliebten oder sich geliebt fühlenden Kinder aggressiv. Sie verfügen nicht über genügend seelische Ressourcen, um kleine Kränkungen zu verarbeiten oder einfach gelassen zu negieren. Nein, ein leichter Rempler auf dem Schulhof, ein abwertender Blick oder eine unfreundliche Bemerkung im Kindergarten, in der Schule oder in der Freundesgruppe reichen aus, um sie völlig aus der Fassung geraten zu lassen. Manche »rasten« dann buchstäblich aus. Dies entspricht neueren Ergebnissen, die sich im Rahmen eines Mammutprogrammes zur frühkindlichen Bindung und zur nicht-mütterlichen Früherziehung ergeben haben. Ich spreche von dem mittlerweile fast berühmten Forschungsprojekt der NICHD (National Institut of Child Health and Development).

Aus den 1997 veröffentlichten Ergebnissen lässt sich u. a. ablesen, dass solche Kinder, die mit 12–14 Lebensmonaten stundenweise in einer »Kinderkrippe« untergebracht wurden, zwei unterschiedliche Folgen abzulesen sind. Kinder mit gesichertem Bindungsverhalten scheinen die stundenweise Trennung von Mama problemfrei zu verarbeiten. Ihre Bindungsgewissheit (Mama ist jetzt nicht da, aber sie kommt ganz bestimmt zurück, das weiß ich genau!) scheint auszureichen, um die Aufmerksamkeit und die Freude der Kleinen am Spielzeug und an anderen Kindern nicht zu stören. Anders sieht es bei »unsicher gebundenen« Kindern aus. Hier zeigt sich, dass sie keineswegs unmittelbare Störungen zeigen, sich aber nach Vollendung des 3. Lebensjahres, also mit dem abgeschlossenen Spracherwerb und einer gewissen Bewusstheit ihres kindlichen Selbst in Konfliktfällen zu deutlich aggressiveren Reaktionen neigen. Insgesamt sind sie unruhiger, unkonzentrierter und wirken in den kommunikativen

Situationen weniger einfühlend. Die Ähnlichkeit der »Bindungsstörungen« mit Teilgruppen der sogenannten ADHS-Kinder wird in letzter Zeit endlich intensiver in der Fachöffentlichkeit diskutiert. Die frühe Trennung von der Mutter scheint die hyperaktiven Störungen der gefährdeten Kinder eindeutig zu intensivieren. Ein hoher Preis, der seltsamerweise in der Krippen-Diskussion derzeit keine Rolle spielt.

Aggressive Kinder:
wild und böse, oft traurig

Manchmal, ach nein, oft sitzen sie mir gegenüber – diese Kinder, Jugendliche und jungen Männer mit einer ganzen Liste von Vorstrafen. Andere, die nach wiederholten Verwarnungen auf ihren ersten Prozess warten, noch mal andere, die von der Schule geflogen sind wegen Prügeleien und die nun auf der neuen Schule schon wieder auf eine Klassenkonferenz warten. Vielleicht werden sie wieder abgeschoben – »schwere Jungs«. Aber sie sind gar nicht schwer, sondern meist Hänflinge, zäh und unruhig, als sei ein sehr harter Wind durch sie hindurch gegangen und jetzt wappnen sie sich gegen jeden und alles. Auch gegen mich. Was will der von mir? Breit hingefläzt oder mit demonstrativer Gleichgültigkeit. Aber wenn man genau hinschaut, dann erkennt man darunter eine Spur von Erwartung. Ihr Blick ist oft sehr intensiv, er prüft. Sie sind eigentlich immer auf der Suche, auch noch mit ihren 18 oder 20 Jahren, auch noch nach so langer Zeit auf den Bahnhofvorplätzen oder den dunklen Ecken unten in den Straßentunnel. Sie suchen, warten insgeheim immer noch auf einen Menschen, den sie respektieren und dem sie deshalb vertrauen können. Ihr Blick ist misstrauisch, kalt durch Erfahrung, aber sie würden trotzdem gern jemanden treffen, der sich ihr Vertrauen erkämpft. Wer ihrem prüfenden Blick standhält, der trägt eine Art Versprechen an sie heran. Das heißt: »Ich sehe dich an, ich beachte dich, von mir kannst du Achtung und Ansehen erwarten!«

Moralische Sätze helfen ihnen so wenig wie motivierende. Der Blick des Erwachsenen, seine Stimme, seine Worte müssen der Härte ihres jugendlichen Lebens standhalten, sonst weisen sie ihn ab. Diese Jugendlichen haben eine intuitive Intelligenz für Stärken und Schwächen der Erwachsenen. Die Schwächen nutzen sie aus, dann sind sie wieder tricksig und man darf ihnen kein Wort glauben. Aber wenn sie einem Erwachsenen Stärke zuerkennen, dann verändern sie sich. Plötzlich sind sie aufmerksam. Plötzlich ist da eine Spannung, die aus Hoffnung kommt. Aufdrängen darf man sich ihnen nicht, man muss geduldig sein, denn dass an ihnen herumgezerrt wird, das kennen sie schon und etwas anderes erwarten sie nicht. Man muss das Warten aushalten, bis sie von selber anfangen zu reden, provozierendes Zeug manchmal, aber getränkt von mehr Leben, als man auf den meisten wissenschaftlichen Tagungen antrifft. Wer jetzt nicht aufmerksam hinhört, aufmerkt, der hat sie verloren.

Sie sind immer auf dem Sprung, sich misstrauisch und enttäuscht aus jedem Kontakt zurückzuziehen. Darin sind sie geübt. Vertrauen hingegen fällt ihnen unendlich schwer. Da muss erst mal ein zynischer Spruch her, oder ein ganz und gar unkorrekter. Ein Lachen, wechselseitig, das aus Unangepasstheit herrührt. Wer selber viel erlebt hat, kommt mit jugendlichem Zynismus gut zurecht. Das registrieren sie. Und dann – endlich – wollen sie beachtet werden. Jetzt dulden sie den Blick des Erwachsenen, das ist ein gewaltiger Schritt.

Denn nichts fürchten sie so sehr, als dass andere Menschen, Fremde, die zufällig vorübergehen, während sie auf dem Vorplatz oder sonst wo auf dem Boden hocken, abschätzig zu ihnen herüberschauen. Sie fühlen sich sofort abgewertet. Der vielleicht nur zufällige Blick macht sie wütend – der ins Kabarett abgewanderte Spruch »Was guckst du« bringt diese Not auf den Punkt. Wer mich ansieht, ist mein Feind. Er muss ja sofort meine Wertlosigkeit erkennen. Vielleicht durchschaut er mich, vielleicht zeigt sein Blick eine noch trostlosere Wahrheit über mich, die mir noch gar nicht bewusst ist? Sie fürchten den Blick, weil sie die Nichtachtung fürchten. Sie bewegen sich ungelenk in allen Arten von Kontakten, zufälligen oder regelmäßigen, weil sie mit sich selber und ihren Gefühlen, ihrem unruhigen Verlangen nie ganz zurechtgekommen sind. Weil sie die innere Sicherheit, die Kohärenz, wie die Psychologen sagen, nie entwickeln konnten, mit denen sich ein selbstbewusstes Ich einem Du gegenüber stellt. Sie sind tief in sich überzeugt von ihrer Bedeutungslosigkeit, deshalb ist alles und jedes, was man als Kritik, Strafe oder Zuwendung an sie heranträgt, zuerst eine Gefährdung.

Viele haben sich auf den eigenen Körper zurückgezogen – dort ritzen sie ihre Träume oder ihre Wut in die eigene Haut. Zeichen auf ihrem Körper, mit denen sie jedes Gegenüber konfrontieren, sagen: »Schau her, so bin ich!« Die sollen aber auch den prüfenden Blick des anderen ablenken: »Hier sollst du hinschauen! Dies zeige ich dir absichtlich. Schau nicht tiefer, das macht dich zum Feind!« Ohnmacht und Wut richten sie fast unterschiedslos gegen sich selbst oder andere. Ihre Kontaktfähigkeit ist so dünn und versponnen, dass sie zwischen sich selbst und anderen Menschen nur ungenau unterscheiden. So schneiden sie mit Messern und anderen scharfen Gegenständen in ihren Oberarm, die Schenkel, die Hüfte, wie es auch die selbstverletzenden weiblichen Teenies tun. Sie zeigen ihren Körper als Refugium eines nicht kommunizierbaren Inneren. Dieselbe Wut kann sich aber jederzeit gegen andere richten, gegen irgendjemanden, der zufällig daherkommt oder einen, der wieder geschaut hat, der sie angeschaut hat und dessen Blick sie nicht aushalten. Dann stechen sie zu, meist gehemmt genug, um nur leichte Verletzungen zu riskieren, manchmal aber so radikal, wie die Wut in ihnen nun einmal ist.

Wenn aber jemand sie anders anschaut, ihre Verletzungen sieht und ihre Wut gelassen erträgt, dann verspricht der etwas. Vor allem verspricht er: Es gibt vielleicht doch einen Austausch mit einem dieser Erwachsenen, in denen ich mich zeigen kann (ganz vorsichtig natürlich, immer auf der Lauer). Wenn dieser Erwachsene sogar ihr Misstrauen gelassen aushält, sogar die Schmerzzeichen und die vagen Träume, die sie ihrem Körper zugefügt haben, ohne Kopfschütteln anschaut, vielleicht mit Achtung vor dem, was da sprachlos auf ihren Körpern zum Ausdruck kommt – vielleicht kann er dann eine andere Art des Redens, des Anschauens gemeinsam mit ihnen entwickeln. Vielleicht gibt es dann doch ein anderes Selbst als dieses dissoziale, das von der Welt nur ihre Bedrohlichkeit kennt.

Sie warten alle darauf – jedenfalls alle, die mir vorgestellt werden: auf einen gelassenen Blick, der nicht kränkt, sondern aufnimmt, auf einen Erwachsenen, der sie anschaut, als sähe er eine verborgene Wahrheit in ihnen, auf erste versuchsweise Sätze, die diesen behutsamen Austausch ins Bewusstsein heben: »Wenn ich mit dem rede, bin ich fast ein anderer!« In solchen ersten Begegnungen und Berührungen in der Beratung und Therapie bringen aggressive Jugendliche viel von ihrer Not zum Ausdruck. Sie zeigen, was ihnen fehlt, man muss nur die Augen aufmachen:

Ihnen fehlt das allererste Vertrauen, das man als Kleinkind von Mutter und Vater empfängt, über das man mit seinen eigenen Empfindungen vertraut wird und sie zu bewussten Gefühlen heranreifen lässt, überhaupt das ganze Gefühlslernen der frühen Kindheit, das ohne Geborgenheit immer nur misslingt. Die meisten von ihnen haben Geborgenheit – also eine schöne Ordnung, nicht eine sterile, langweilige, normative – nie gekannt.

Ihnen fehlt das autonome Gelände der Kindheit, in den Wäldern oder an abseits von den Wohngegenden gelegenen Teichen. Dort haben frühere Generationen ihre Körper kennengelernt, in Kriegsspielen und mutiger Aggressivität, die sich meist in laute lachende Gemeinsamkeit auflöste. Die Jungen vor mir kennen ihren Körper nur als den Schlägen der Erwachsenen ausgeliefert oder den missbilligenden Blicken von Pädagogen und Eltern ausgesetzt. Es sind für sie wertlose Körper, die erst im Schmerz intensiv empfunden werden können.

Ihnen fehlt das Beachtetwerden, das Angeschautwerden, das nie nur den Körper meint, sondern das Geheimnis der Besonderheit, das jeder Mensch in sich trägt. Bei ihnen ist es nie wachgerufen worden.

III. TEIL

GEGLÜCKTE BINDUNGEN

Froh im Zoo

Aber ich will kein Katastrophengemälde moderner Kindheit malen. Gewiss, es gibt Probleme und die Zahl der seelisch verstörten Kinder steigt. Dies hat ohne Zweifel mit frühkindlichen Bindungsstörungen zu tun. Sie sind das Ergebnis einer gesellschaftlichen Kultur, die die Familien immer weiter auseinanderreißt, die Mutter und Vater durch professionelle Pädagogik in irgendwelchen Bildungseinrichtungen, in Krippen oder Kindergärten, ersetzen will – gesamtgesellschaftlich-kulturell eine Sackgasse. Aber das andere, das Gegenbild, gibt es ja auch. Auf den Fußgängerzonen, im Kino und auf den Spielplätzen können wir es wahrnehmen. Junge Familien, Kinder im Alter von 3 bis 8 Jahren vielleicht, die vergnügt durch den Park radeln, die sich – obwohl er viel zu teuer ist – am Eingang des Zoos anstellen, die Kleinen hüpfen und springen herum, sie freuen sich eigentlich über alles und jedes. Nicht nur auf den großen Eisbären, der das kleine Schwesterchen so beeindruckt, dass sie abends immer erst noch getröstet werden muss, bevor sie einschlafen kann, nicht nur auf die meckernden Ziegenböcke, die es merkwürdigerweise dem 8-Jährigen angetan haben, auch nicht die große Rutsche. Nicht allein auf diese Tiere und Spielgeräte. Ihre Freude ist ganz allgemein, es ist Freude auf den Zoo als ganzer, Freude auf die Anwesenheit von Papa und Mama, es ist Lebensfreude.

Es ist ursprüngliche kindliche Lebensfreude, wie wir sie sonst in unserer Gesellschaft kaum antreffen. Wer ein uneingeschränkt fröhliches Lachen hören will, der muss Kindern zuschauen, sonst kann er lange warten. Dröhnendes Lachen, dominierendes Lachen, demonstratives Lachen tönt uns an allen Ecken und Enden entgegen, aber das kindliche ist ganz anders: es ist froher! Wer ein Gesicht erstrahlen sehen möchte, erblühen sozusagen vor Freude über die Anwesenheit eines Menschen, meist über Papa und Mama oder eine geliebte Großmutter, der muss auf die Kinder schauen, auf ihre Augen, auf die rosig gefärbten Wangen, wenn sie der Großtante oder der Großmutter entgegenrennen oder wenn Papa die Arme weit ausbreitet, weil er von einer Reise zurückgekehrt ist: Diese Freude wird unmittelbar aus Liebe gespeist, deshalb ist sie so uneingeschränkt. (Eingeschränkte Liebe gibt es nicht, gehemmte Liebe ist ein Unglück!) Um dies alles zu sehen, brauchen wir Kinder. Eine Gesellschaft ohne Kinder wäre eine ohne Freude. Wer möchte in ihr schon leben?

Die Familie, die so geduldig (während Papa heimlich das Geld zählt) am Zooeingang stand, trifft man später beim Bummel durch den Zoo wieder. Die Kleine will unbedingt auf die Schaukel, aber der Große verharrt vor seinem Ziegenbock. Dabei hat dieser Ziegenbock buchstäblich nichts mit ihm am Hut, obwohl der Junge ihm ständig einen Strohhut, den er am Kiosk erstanden hat, über die stumpfen Hörner stülpen will. Der Ziegenbock lässt ein unwilliges Meckern ertönen und schüttelt den Kopf. Der Kleine grinst vergnügt, zieht den Hut ein bisschen fester, man ist versucht, zu ihm hinzugehen und zu sagen: »Pass auf, mit Ziegen und Ziegenböcken habe ich in meiner dörflichen Vergangenheit eine Menge Erfahrung gesammelt. Diese Viecher können ganz schön mies werden, gleich boxt er dich, das gibt blaue Flecken.« Ich hätte es besser nicht denken sollen, kein Wort hatte ich gesagt. Aber der Ziegenbock hat mich trotzdem gehört: Er hebt den Kopf und versetzt dem Kleinen einen heftigen Stoß gegen den Arm. Der ist verblüfft, ein bisschen enttäuscht, so ein Ziegenbock ist ein höchst unverlässlicher Spielgefährte! Jetzt möchte er beinahe weinen, aber der Blick auf die Schwester veranlasst ihn dazu, sich das Weinen zu verkneifen. Vor kleinen Schwestern weint man eben nicht, basta!

Vater und Mutter sind inzwischen weitergegangen. Auch das ist für den Jungen eine Enttäuschung. Jetzt, wo der Arm so weh tut, könnte er eigentlich ein tröstendes Wort von den beiden ganz gut gebrauchen. Aber sie sind ja schon zwanzig Meter weiter. Jetzt zögert er einen Augenblick, ob er seiner Enttäuschung nachgeben und sich mürrisch an den Wegrand hinhocken soll. Aber dann bahnt sich schon ein anderes Gefühl in ihm an. Sein Gesicht wird wieder heller und er rennt aufgeregt zu Papa hin: »Schau mal, die Ziege hat mich geboxt.«

»Oh«, sagt der Papa, »das gibt bestimmt einen riesengroßen blauen Fleck. Wir werden am besten in die Notaufnahme fahren. Da muss ein dicker Verband drum herum. Ich glaube nicht, dass du damit morgen in der Schule schreiben kannst.« Der Kleine lacht vergnügt. Es war ja nur ein Witz, so groß ist der blaue Fleck gar nicht. Der Schmerz ist wie vom Winde verweht.

Die kleine Schwester nörgelt immer noch an der Schaukel herum. Sie hockt einsam auf dem linken Schaukelsitz und wartet, dass sich Mama oder Papa oder wenigstens ihr großer Bruder gefälligst auf den rechten setzen, damit sie rauf und runter hopsen kann. Aber alle drei haben keine Lust. Mich freute schon der Anblick des Kleinen, als er für einen kurzen Moment in einer mürrischen Enttäuschung verharren wollte und sich dann aus den eigenen seelischen Verkrampfungen losriss und hinter Mama und Papa herlief, Papas Hand ergriff, vertrauensvoll, so sah es jedenfalls aus. Und wieder machen diese Eltern, nach meinem Gefühl, alles richtig.

Nein, Mama eilt nicht übereifrig zur Schaukel hin, um die Kleine zu beruhigen. Sie ruft einfach, nicht genervt, sondern unaufgeregt, aber doch ganz entschieden: »Komm, mein Kleines, wir wollen weiter.« Papa lässt noch ein etwas dunkleres, leicht dröhnendes »komm schon« hören. Aber auch sein »komm schon« hatte keinen herrischen Klang, sondern einen lockenden. Komm her, mein Kleines, hieß das, zu Papa und Mama, hier bist du ganz geborgen. Die Kleine hätte jetzt lieber geschaukelt, als geborgen zu sein, aber Geborgenheit, die sich in der Person von Papa und Mama so unendlich verkörperte, reichte ihr auch. Leicht maulend, mit etwas schiefem Mund, der sich aber bald wieder zu einem breiten Lächeln verzog, eilte sie den dreien hinterher.

Wir sind ja eine Familie, signalisierte dies alles, das Mürrischsein, die kleine Enttäuschung, die vertrauensvolle Suche nach Papas Hand und das Horchen hin auf Mamas Stimme: ein schönes Bild. Ein idyllisches? Nein, keineswegs. Familiäres Leben ist nicht idyllisch, soll es auch nicht sein. Idyllen sind auf Dauer langweilig. Fortwährende Harmonie erstickt jedes lebendige Gefühl. Nein, es muss dies alles geben, dies Auf und Ab der Gefühle, ein bisschen Enttäuschung hier, einen blauen Fleck dort, ein missmutig verzogenes Plappermündchen einer Dreijährigen auch: Alles gehört zueinander. Was mich so beruhigt und fast beglückt beim Anblick dieser vier, ist die ungefragte Dominanz der beiden Eltern. Sie stehen im Mittelpunkt der Kinder und die Kinder rufen, flattern und laufen um sie herum, von diesem sicheren Mittelpunkt ausgehend, erobern sie ihre Welt, auch die Welt ihrer Gefühle. Man kann es sehen, man braucht keine Theorie dafür.

Diese Kinder sind seelisch gesunde Kinder, und ganz offensichtlich sind sie kein Opfer für ihre Eltern, keine permanente Sorge und fortwährende Gewissensqual, ob sie denn auch alles richtig machen. Sie folgen einfach jener Intuition, die die Liebe uns eingibt. Das gilt nicht nur für die

Liebe unter Erwachsenen, so lange sie dauert, es gilt für die von Eltern und Kindern in gleichem oder gar in weitaus höherem Maße. Am Abend sieht man sie wieder. Nun sind sie müde geworden. Den Kindern fallen schier die Augen zu. Manchmal werden Kinder dann mürrisch, und das ist jetzt auch ihr gutes Recht. Kinder können nicht fortwährend alle Gefühle, die körperlichen und die seelischen, in ihrer kleinen Seele ausgleichen. Aber an diesem Abend lief es besser, es war auch kein Wunder. An diesem Abend hatten sich die Kinder, halb müde und immer noch aufgeregt vom Abenteuer des Tages, an die großen Körper der Eltern gelehnt, die Kleine an Mamas Brust, der Große ganz fest unter Papas Arm. Wieder eine Einheit, eine müde, ermattete, aber eine, in der die Ruhe, die aus der Geborgenheit stammt, alle Mühsal des Heimweges, der jetzt plötzlich so unendlich lang erscheint, überlagert. Sie gehen zufrieden nach Hause, müde, ermattet, es war ein aufregender Tag! Kein glatter, kein harmonischer. Eben ein aufregender, wie das Leben eben ist.

Gute Eltern, Glück gehabt

Wie glücklich oder unglücklich die ersten 24 Lebensmonate und die daran anschließenden zwei oder drei Jahre verlaufen, prägt die Fähigkeit zum Lebensglück auf Dauer. Machen wir ein kleines Spiel, überlegen wir uns einige Punkte, die zum Lebensglück unumgänglich sind. Und schauen wir, wie viel davon (zumindest in den Grundlagen, in den basalen Fähigkeiten) in den ersten zwei Lebensjahren erworben wird.

Was gehört zum Glück?

Zeit haben und Zeit bewusst verbringen. Es ist schon so, dass gehetzte Menschen nicht glücklich sind. Sie haben buchstäblich »keine Zeit« für das Glücklichsein.

Genauer gesagt, sie haben kein Zeitempfinden, das sie dazu befähigt, ihre Zeit intensiv zu leben. Ich sagte »intensiv leben«, und das ist etwas anderes als nur »Zeitmanagement« oder die Kompetenz, seine Zeit vernünftig einzuteilen. Darüber gibt es massenweise Ratgeber. Deren banale Ratschläge werde ich hier nicht wiederholen. Aber es geht in der Frage nach dem Zusammenhang von Glück und Zeit auch gar nicht darum, dass man die Zeit »einteilt«. Es geht darum, dass man sie auf innige, konzentrierte Weise erlebt – und konzentriertes Erleben ist immer eines, in dem das Lebensglück vibriert.

Menschen, die sich ständig in Zeitdruck befinden, sind paradoxerweise auch diejenigen, die nie richtig ans Ziel kommen. Sie »kommen zu nichts«! Sie pendeln von der einen Aufgabe zur anderen und wieder zurück, greifen nach einer dritten, deren Erfüllung drängt und sie in Unruhe versetzt – und dann kehren sie zur allerersten, der immer noch unerledigten, zurück und wissen hinterher kaum noch, wie sie die Anhäufung von Aufgaben, von denen jede inzwischen zu einem echten Problem geworden ist, erledigen sollen. Sie sind buchstäblich in Not, in Zeitnot. Schon das Wort »Aufgaben« ist für viele angstbelastet. Aufgaben, das hat etwas von Aufgeben. Etwas ist mir aufgegeben und dann bin ich selber auch sehr schnell bereit, meinerseits die Waffen zu strecken und aufzugeben. Die Aufgabe ist ja etwas, was über mich verhängt wird, wie eine Forderung, die so mächtig ist wie ein Menetekel: Vielleicht werde ich sie nicht erfüllen. Also hetze ich los, und der ganze Zirkel der Zeit- und Angstnot beginnt immer wieder von vorn.

Was hat dies mit frühkindlichen Erfahrungen zu tun? Nun, erinnern wir uns, wie das Zeitempfinden entstand. Wie hat sich Zeit in unserem Bewusstsein ausgeprägt, wie haben wir das Zeitgefühl ausgebildet? Ich verweise auf das entsprechende Kapitel, S. 84 ff., Mia oder: das Glück der Kinder, will aber noch einmal, der guten Ordnung halber, zusammenfassen, was wir über Zeit alles in Erfahrung gebracht haben. Das war eine ganze Menge. Eine erste Zeitspanne, so fanden wir heraus, beginnt sich in unserem seelischen Leben abzuzeichnen, wenn wir anfangen, uns zu »erinnern«. Da war erst der Vorgang mit dem Vogel, dem Mia verzückt nachschaute und dann »speicherte« (vgl. S. 52 ff.). Zugleich damit verankerte sie die Fähigkeit, sich zu erinnern, also ein Bild vom Vogel in ihrem Klopf aufzurufen, ohne dass sie ihn jetzt sah. Das sind die Anfänge von »Symbolbildung«, aber auch von Zeitgefühl. Jetzt kann sie schon fühlen, wenn auch noch nicht bewusst denken: Der Vogel flog vorbei. Eng damit verbunden ist die Einsicht, die den Kleinen so schwerfällt, dass sie nicht im Zentrum der Welt sind, andere Menschen und sogar die Sachen von der Puppe bis zum Wohnzimmerschrank haben auch ihre Eigenarten und sind manchmal ganz schön sperrig, um nicht zu sagen »nervig«. Die Eingeständigkeit der Weltobjekte (ein großes Thema, vgl. S. 66 ff., Überall steht etwas herum) und die ersten Gefühle, was Zeit ist, was eine räumliche Ordnung ist – das ist alles ungeheuer kompliziert. Aber mitten in diesem Wirbel beginnen die Kleinen, die Menschen und Dinge mit immer genaueren Worten zu belegen, die Syntax ihrer Sprache bildet immer exakter Perspektiven, Zeiten usw. ab: Kurzum, inmitten aller Turbulenzen errichten sie diese besondere menschliche Geistigkeit. Und wie schaffen sie das? Wie halten so kleine Wesen dies alles seelisch zusammen?

Nun, ganz einfach, sie schauen immer wieder auf Mama oder Papa, und dann erkennen sie beruhigt, dass diese überwältigend geliebten Wesen ganz souverän mit allem umgehen: mit dem Ball und wie er auf seine ganz eigene Art kullert, mit dem Vogel und dass er eben vorbeiflog und immer noch existiert, auch wenn man ihn gar nicht mehr sieht, mit Abend und Morgen, mit Tag und Nacht. Mama und Papa trösten mit ihrer puren Präsenz über alle Unsicherheiten hinweg. Ist dies ganz gewiss, dann richtet sich der kindliche Geist auf, neugierig folgt er den Eigenarten der Dinge, der Zeiten, der Sprache. Je tiefer also die Liebesbindung an Mama und Papa, desto tiefer das Erleben und Erkennen, desto vorbehaltloser das frühkindliche Lernen. Ich würde am liebsten, klänge es im Zusammenhang mit kleinen Kindern nicht so merkwürdig, von »Souveränität« sprechen. Souveränes Verfügen über Zeit und Raum, über Sprache und die Fülle der Welt – das lernen sie und weil sie es lernen, sind sie auch fähig, dem wichtigsten Prinzip des Lebensglücks zu folgen: Achtsamkeit. Ganz ohne Vorbehalt, angstfrei, versenke ich mich in diesen oder jenen hochinteressanten Gegenstand. Mit innerer Ruhe verfolge ich das Schwirren der Vögel und es macht mir keine Angst, dass sie sich entfernen und zuletzt gar nicht mehr zu sehen sind. Mit höchster Konzentration erlebt und liebt das bindungssichere – also das richtig geliebte – Kind die Neuheit der Welt. Je mehr wir als Erwachsene von dieser »Neuheit«, die immer wieder zum Staunen veranlasst, in uns bewahren, desto klüger und glücklicher sind wir. Diese Klugheit des Lebensglücks können wir von unseren Kindern lernen.

Herausforderungen, Pläne, Vorhaben können glücklich machen, wenn wir sie »souverän« annehmen oder uns zeitweise kopfüber in sie hineinstürzen und kaum noch einen Gedanken auf irgendetwas anderes verwenden mögen. Ist es nicht so, dass unsere Fähigkeit, einer beruflichen oder privaten Herausforderung gelassen und tatkräftig zu begegnen, ganz ähnlich aussieht wie die Zuversicht, mit der ein Kleinkind auf Mamas Arm hockt und ihren Blick sucht und anschließend, zuversichtlich und froh, in die Welt weist mit einer Geste, als wolle es diese ganze große Welt jetzt sofort erobern?

Grenzen überfliegen oder überschreiten, aus dem Alltag abheben, »frei fliegen« – das gehört auch zum Lebensglück. Wer dies vermag, der vermag auch bewusster die Begrenzungen und die Normen des Alltags zu ertragen. Wir müssen die oft engen Grenzen der Realität akzeptieren, das ist klar. Aber wir sollten innerlich immer auf dem Sprung sein, auch einmal hinter diese Grenzen zu lugen, ohne uns um die vielen aufdringlichen Vorschriften und Normen zu kümmern. Wer weiß, was hinter den Begrenzungen der Alltagsvernunft liegt? Weite vielleicht, ein Gefühl von Fliegen und Freiheit? Wer sich das zutraut, ist einfach ein glücklicherer Mensch als derjenige, der eng und kummervoll in Normen verhaftet bleibt und sie so lange befolgt, bis sie ihn in böse Nachtträume hinein verfolgen.

Fliegen lernen, Segelfliegen oder Drachenfliegen ist nicht jedermanns Sache. Meine auch nicht. Aber ich habe wie Sie vermutlich auch das Gefühl, dass ich die Beglückung nachempfinden kann, die sich während eines schönen Fluges, einem Dahingleiten weit oberhalb einer klein gewordenen Welt einstellt. »Das Strahlen in den Augen meiner Schüler ist für mich der beste Beweis, dass Fliegen Glück bedeutet«, erläuterte der Leiter einer Salzburger Flugschule. Ja, das können wir leicht nachempfinden. Abheben, wegschweben, Grenzen überwinden. Das ist Glück, und es ist dem Kinderglück verwandt.

Dankbarkeit ist ein sicherer Weg zum Glück. Dazu gibt es sogar eine Studie, die ein renommierter »Glücksforscher« namens Martin Seligmann an der Universität von Pennsylvania durchführte. Er kam zu dem empirisch abgesicherten Ergebnis, dass Menschen, die sich auch über kleinere Gefälligkeiten oder größere Gaben bei anderen Menschen bedanken und dies aus vollem Herzen tun, glücklicher sind. Sie sind es nicht nur für einige Momente oder einen Tag. »Das Erstaunliche«, so erzählt Seligmann, »besteht darin, dass diese Leute nach einer einzigen Aktion auch einen Monat später noch glücklicher und weniger depressionsgeneigt waren als andere.«

Ist das ein Wunder? Nein, natürlich nicht. Dankbarkeit ist wiederum ein Kindergefühl, sogar ein ganz intensives. Je inniger es erfahren, erlebt und also gelernt wurde, je tiefer es Spuren in der Empfindungsbereitschaft eines Menschen hinterließ, desto glücksfähiger ist er. So einfach ist das. Ich hatte Hunger, aber Mama hat mich genährt, empfindet ein fünf oder sechs Monate altes Kind und ist voller beglückter Dankbarkeit der »Mama« gegenüber. Wir erinnern uns, dass in dieser Lebensphase Mama noch keine konkrete Person ist, sondern eine Summe von Eindrücken, Stimme, Klang, Geruch und Körper. Dankbarkeit ist wie Freude ein Gefühl, das einen für Momente ganz und gar durchströmt, und wenn dies intensiv genug war, dann bleiben Spuren davon. Geschah dies häufig genug, regelhaft genug, verlässlich genug, dann bleibt die Begabung zur Dankbarkeit ein Leben lang »gespeichert«. Seltsamerweise empfinden alle Menschen solche aus dem Kinderglück herrührende Dankbarkeit anders als eine nur anerzogene, eine Dankbarkeit der »Etikette«, des guten Benehmens. »Seine Dankbarkeit kommt wirklich von Herzen!« Wenn man dies über einen Menschen sagt, dann spricht man höchstvermutlich von einem glücklichen Menschen.

Freunde haben, das gehört auch zum Glück. Das belegen zahlreiche Studien, wir wussten es aber auch schon vorher! Wer viele Freunde hat, ist gesünder und geht vergnügter durchs Leben. Hier muss der Zusammenhang zu frühkindlicher Bindung nicht lang und breit erläutert werden. Er liegt eigentlich auf der Hand. Wer früh Bindung lernte, der lernte froh und frei zu lieben, Sympathie zu zeigen, aber auch einmal angstfrei den Kopf abzuwenden. Bindungssichere Menschen sind »authentisch«. Sie sind verlässliche Freunde. Deshalb haben sie so viele.

Und ein Letztes: Die tiefsten und bewegendsten Erfahrungen machen wir mit solchen Menschen, die uns »auf den ersten Blick« sympathisch waren. Woher kommt die Fähigkeit, Menschen so rasch und intuitiv einzuschätzen? Auch dies ist gelernt – wir haben es in diesem Buch oft genug erwähnt. Mit dem Blick in Mamas Augen, mit dem Entziffern des Ausdrucks ihrer Augen und ihrer Mimik begannen wir alle, unsere eigenen Gefühle zu erfahren, zu lernen und uns selber dabei kennenzulernen. Kein Wunder, dass uns im erwachsenen Leben oft ein »auf den ersten Blick« ausreicht, um zu bestätigen, dass dieser Mensch in unserem Leben einmal bedeutsam werden könnte – oder eben nicht. Die Gelassenheit, mit der wir solche sozialen Kontakte eröffnen, gibt einem glücksbegabten und bindungssicheren Menschen im Übrigen eine ganz besondere Ausstrahlung. Jenes Charisma nämlich, dass aus der Glücksfähigkeit erwächst.

Literatur

Adorno, Theodor W., Minima Moralia, Frankfurt/Main 1964

Ainsworth, Mary u. a., Patterns of Attachment, a Psychological Study of the Strange Situation, Hillsdale, New Jersey 1978

Bergmann, Wolfgang, Wo das Reale schwindet ..., Arbeitshefte Psychoanalyse, hrsg. vom Institut für vergleichende Kulturwissenschaften an der Gesamthochschule Kassel 2002

– ders., Was Lernstörungen mit frühkindlichen Bindungen zu tun haben, in: Lerntherapie 2/2004

– ders., Das Drama des modernen Kindes. Über Hyperaktivität und Selbstverletzungen, Weinheim 2005

– ders., Kleine Jungen, große Not. Wie wir ihnen Bindung geben, Weinheim 2007

Bowlby, John, Das Glück und die Trauer, Stuttgart 1979

– ders., Verlust – Trauer und Depression, Frankfurt/Main 1980

Davies, Jody M. u. a., Treating the Adult Survivor of Childhood Sexual Abuse, New York 1994

Dornes, Martin, Die frühe Kindheit, Frankfurt/Main 1997

– ders., Die emotionale Welt des Kindes, Frankfurt/Main 2000

Freud, Anna, Die Schriften der Anna Freud, Gesamtausgabe Bd. 1, München 1980

Freud, Sigmund, Das Ich und das Es, Metapsychologische Schriften, hrsg. von Alex Holder, TB, Frankfurt/Main 1992

Fonagy, Peter u. a., Affektregulierung, Mentalisierung und die Entwicklung des Selbst, Stuttgart 2004

ders., Kinderpsychotherapie und Kinderanalyse in der Entwicklungsperspektive, Kinderanalyse 2, 1995

Grossmann, Karin u. a., Bindung und menschliche Entwicklung, Grundlagen der Bindungstheorie, Stuttgart 2003

Klein, Melanie, Das Seelenleben des Kleinkindes und andere Beiträge zur Psychoanalyse, Stuttgart, 8. A. 2006

– dies., Psychoanalytic Theory, New York, 1976

Kohut, Heinz, Narzissmus, Frankfurt/Main 1973

Lacan, J., Das Spiegelstadium als Bildner der Ichfunktion, in: J. Lacan, Schriften 1, Weinheim 1986

Meaney, Michael, University of Montreal, (Mütterliche Fürsorge und Stresstoleranz bei Ratten), in der Zusammenfassung bei M. Dornes, Frankfurt/Main 1997

NICHD-Studie, National Institute of Child Health and Development, Early Child Research, Predicting Individual Differences in Attention, Memory and Planning, Development Psychology 41, 2005

– ebenda, Duration and Development, Timing of Poverty and Children's Cognitive and Social Development, Development Psychology 76, 2005

Papousek, Mechthild und Hanus, Stimmliche Kommunikationen im frühen Säuglingsalter als Wegbereiter der Sprachentwicklung, in: Handbuch der Kleinkindforschung, hrsg. von H. Keller, Bern 1989

Papousek, Mechthild, Vom ersten Schrei zum ersten Wort, Bern 1994

Piaget, Jean, gemeinsam mit B. Inhelder, Die Entwicklung des inneren Bildes beim Kind, Frankfurt/Main 1969

– ders., Der Aufbau der Wirklichkeit beim Kind, Gesammelte Werke Band 1, Stuttgart 1975

– ders., Intelligenz und Affektivität, Frankfurt/Main 1995

Scheidt, Carl, Bindungsrepräsentation, Affektregulation und psychophysiologische Reaktionsbereitschaft, in: Zeitschrift für psychosomatische Medizin und Psychotherapie, 1999

Smith, Peter, das lernpsychologische Experiment mit Kindern mit Stäbchen an der University of London folgt der Darstellung in M. Dornes a. a. O.

Spitz, René, Vom Säugling zum Kleinkind, Naturgeschichte der Mutter-Kind-Beziehungen im ersten Lebensjahr, Stuttgart 1974

Winnicott, Donald W., Vom Spiel zur Kreativität, Stuttgart 1973

– ders., Familie und individuelle Entwicklung, Frankfurt/Main 1984

Stichwortverzeichnis

Constanze Köpp

Frannys Reise
Eine kleine Geschichte
über das Leben und das Sterben

Wenn die Erde ein Kind verliert …
… gewinnt der Himmel einen Engel.

Damit tröstet sich Franny. Denn sie kann ihren nächsten
Geburtstag nicht mehr feiern. Weil sie an einer unheilba-
ren Krankheit leidet, muss sie Abschied nehmen von ihrem
jungen Leben. Frannys Verabredung mit dem Leben endet
am 17. Juni. Sie hat noch so viele Fragen, auf die es aber
keine Antwort gibt. Was muss noch alles gesagt, wem noch
gedankt werden? Wer braucht mich da oben im Himmel.
Und warum schon so bald?

FRANNYS REISE ist ein kleines Buch mit großer Wirkung.
Es schenkt Hoffnung, wenn Schmerz und Trauer über den
Verlust eines Kindes unüberwindbar scheinen.

PATTLOCH